珍藏本
纪念版

汉译世界学术名著丛书

人生的亲证

〔印度〕罗宾德拉纳特·泰戈尔 著

宫静 译

章坚 校

2017年·北京

Rabindranath Tagore

SĀDHANĀ

The Realisation of Life

Leipzig

Bernhard Tauchnitz

1921

根据德国莱比锡伯恩哈特·托赫涅茨

出版社 1921 年英文版译出

汉译世界学术名著丛书
（120年纪念版·珍藏本）
出 版 说 明

2017年2月11日，商务印书馆迎来120岁的生日。120年前，商务印书馆前贤怀揣文化救国的理想，抱持“昌明教育，开启民智”的使命，立足本土，放眼寰宇，以出版为津梁，沟通中西，为中国、为世界提供最富智慧的思想文化成果。无论世事白云苍狗，潮流左右激荡，甚至战火硝烟弥漫，始终践行学术报国之志，无改初心。

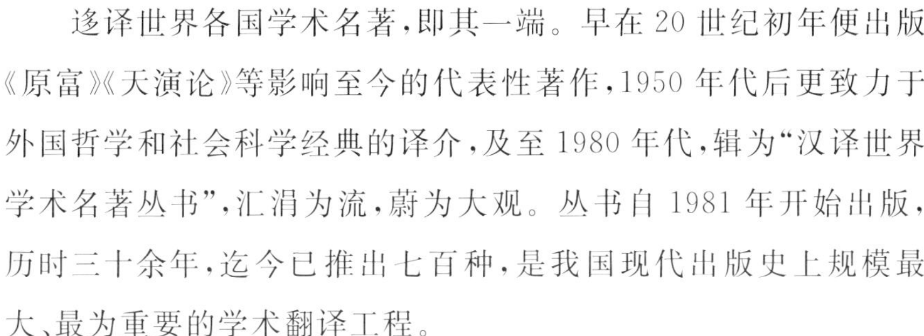

迻译世界各国学术名著，即其一端。早在20世纪初年便出版《原富》《天演论》等影响至今的代表性著作，1950年代后更致力于外国哲学和社会科学经典的译介，及至1980年代，辑为“汉译世界学术名著丛书”，汇涓为流，蔚为大观。丛书自1981年开始出版，历时三十余年，迄今已推出七百种，是我国现代出版史上规模最大、最为重要的学术翻译工程。

丛书所选之书，立场观点不囿于一派，学科领域不限于一门，皆为文明开启以来，各时代、各国家、各民族的思想与文化精粹，代表着人类已经到达过的精神境界。丛书系统译介世界学术经典，引领时代思想，为本土原创学术的发展提供丰富的文化滋养，为推动中国现代学术和现代化进程做出了突出的贡献。

为纪念商务印书馆成立120周年，我们整体推出“汉译世界学术名著丛书”120年纪念版的珍藏本，寄望既利于文化积累，又便于研读查考，同时向长期支持丛书出版的译者、编者和读者致以敬意。

两甲子后的今天，商务印书馆又站在了一个新的历史时间节点上。我们不仅要铭记先辈的身影和足迹，更须让我们的步伐充满新的时代精神。这是商务人代代相传的事业，更是与国家和民族的命运始终紧密相连的事业。我们责无旁贷，必须做好我们这代人的传承与创造，让我们的努力和成果不仅凝聚成民族文化的记忆，还能成为后来人可以接续的事业。唯此，才能不负前贤，无愧来者。

商务印书馆编辑部

2017年10月

目　　录

作者序言

阐明这本书所发表的论文题材，我没有用哲理性的说教，也没有以学者观点加以探讨，也许这对我来说更为合适。我生长在一个以奥义书经典作为日常礼拜的家庭，并且在很久以前父亲就作出了榜样。父亲在他漫长的一生中一直保持着与神的密切交往，但是他没有忽略对世界应尽的责任，也丝毫没有减少对世俗事务的强烈兴趣。因此，我希望这些论文能使西方读者有机会接触到印度的古代精神，这种精神曾反映在我们的圣典中而今天仍然体现在我们的生活中。

人的一切重要言论不是通过词句而是通过精神来判断的——这是在历史中伴随着生命的成长而呈现出来的精神。我们懂得基督教的真实含义是在观察它的当代生活各个方面而得到的——无论如何，它与早期的基督教，甚至在重要方面都可能是不同的。

印度伟大的宗教圣典对于西方学者来说似乎只具有怀旧与考古的兴趣，但是对我们却具有生活的重要性，我们不得不认为把人类思想和愿望的木乃伊标本，陈列在带有标记的柜子里时，尽管在博学的外衣下永远保存起来也会失去它们的重要意义。

源于伟大心灵的体验的有生命的语言，其意义永远不会被某一逻辑阐释体系详尽无遗地阐述清楚，只能通过个别生活的经历不断予以说明并在各自新的发现中增加它们的神秘。对我来说奥义书的诗篇和佛陀的教导永远是我的精神财富，因此它赋予我无限的生命力，我已经将它们贯彻到我自己的生活和我的言论中，它犹如天性对于我有独特含义；对于别人同样也期待着他们的证实。而我自己特殊的证明一定会有它的价值，因为它有个性。

或许我还要补充一点，这些文章用连续的形式汇编起来是为了便于出版。其中一些观点是从几篇孟加拉语论文中选出的，在孟加拉波浦尔(Bolpur)我的学校中，我习惯于同我的学生们进行讨论。我使用的这些译文是由我的朋友巴布·沙迪什、钱德拉·罗易和巴布·阿吉特·古玛尔·钱哥罗瓦尔蒂翻译的。这本文集中的“在行动中亲证”这一篇，是由我的侄子巴布·苏列德拉纳特·泰戈尔从孟加拉语论文“业瑜伽”译出的。

趁此机会我向哈佛大学詹姆斯·H. 伍兹教授表示谢意，由于他公正的评价才鼓舞我去完成这本文集并在我去哈佛大学之前阅读了其中的大部分。我还要感谢欧内斯特·里斯先生的帮助，他热情地提出建议帮我修订并审阅校样。

关于 Sādhanā 的发音，还需要说一句，重音应该放在第一个 ā 上，这是这个字母的宽音。

一　个人和宇宙的关系

古希腊的文明孕育于城墙之内，实际上，一切现代文明都有其砖块和泥灰砌成的摇篮。

这些壁垒在人们的头脑中已深深地留下了痕迹，使我们在思想上建立起“分而治之”的原则，以至在我们当中形成了一种习惯，用加固和使之互相分离的办法来保持我们所获得的一切，由此把国家与国家，知识与知识，人和自然分开。有了这种习惯便对于这个屏障以外的东西产生了强烈的怀疑，任何事情想得到我们的承认都要经过一番艰难的斗争。

最初雅利安人侵入印度时，印度是广阔的森林地带，新来的人们很快就利用了这些有利的条件。森林给他们提供了隐蔽所，以躲避骄阳酷暑和热带暴风雨的袭击，并为家畜提供了牧场，供给祭火以燃料，为建筑房屋提供了木料。后来不同的雅利安部族及其首领定居于不同的森林地区，这些地区为他们提供特殊的自然保护，以及充足的水源和食物。

这样，在印度，文明的诞生是始于森林，这种起源和环境形成了与众不同的特质。印度的文明被大自然的浩大生命所包围，由它提供食物和衣服，而且在各方面与大自然保持最密切、最经常的交流。

这样一种生活，可能会被认为有使人类智力趋于愚钝的倾向，并且由于降低了生活的标准而阻碍对进步的刺激，但是在古代印度，我们发现这种森林生活的环境并没有压抑人的思想，没有减弱人的活力，而只是赋予人们一种特殊的倾向，使他的思想在与生气勃勃的大自然产物的不断接触中，摆脱了想在他的占有物周围建起界墙以扩展统治的欲望。他的目的不再是获得而是去亲证，去扩展他的意识，与他周围的事物契合。他认为真理是包容一切的，没有绝对孤立的存在，并且认为亲证真理的唯一途径是使我们的生命融汇于一切对象之中。古代印度林栖圣哲们的努力正是为了亲证人类精神和宇宙精神之间的这种伟大的和谐。

后来当这些原始森林开拓为良田的时候，到处都兴起了富裕的城镇，几个强有力的王国建立起来了，这些王国与世界上一切强大的势力有了互相交往，但是，甚至在物质生活繁荣的时代，印度人仍然带着敬仰的心情回顾狂热的自我亲证的早期理想和遁居森林的单纯生活的高尚，并从这智慧的宝库中汲取最大的鼓舞。

然而西方人似乎将征服自然引以为荣，好像我们是住在一个敌对的世界里，我们所要的任何东西都必须从不情愿的、异己的东西的安排中掠夺过来，这种思想是以城墙习惯训练头脑的产物，由于生活在城市，人自然而然地将他的目光集中在自己的生活和工作上，这样就在他和他所寄居的大自然之间造成了人为的分离。

但是印度人的看法是不同的，他们把世界和人一起包括在一个伟大的真理里。印度人强调在个人和宇宙之间的和谐，他们认为如果宇宙对我们来说是绝对无关的东西，那么我们就不能与周围环境有任何交往了。人对自然的抱怨是说要通过自己的努力才能获取大多数的需要。是的，不过他的努力不是徒劳的，他每天都在取得成功，这表明在人和宇宙之间有一种合理的联系，因为除非真跟我们有联系，否则我们永远也不能把任何东西变成我们自己的。

我们可以从两种不同的观点来看同一条道路，一种观点认为：它与我们所期望的目标是分离的，假若这样，我们认为，在这条道路上每前进一步，都是通过力量、冲破障碍而取得的；另一种观点认为这是一条将我们引向目的地的途径，因此它是我们目标的一部分，踏上这条路已经是我们胜利的开端，越过它就能获得它所提供给我们的一切。这后一种观点就是印度人对自然的看法。对于他们来说人和大自然的和谐是伟大的事实。人能够思索是因为他的思想和周围事物是一致的，人类能够利用自然的力量来达到自己的目的，也只是因为他的力量同宇宙的力量是和谐的，而且长期以来人类的意图同贯穿在大自然里的意图永远不能互相冲突。

西方人普遍认为自然只是无生命的东西和兽类，由于自然界发生了无法解释的突变，人类的本性由此产生。按照西方人的看法在生命的梯级上任何低级的东西几乎都是自然的，凡是在它上面留下理性和道德这类完美痕迹的东西才是人类的本性。这好像将花和蕾分隔成两个孤立的范畴，将它们的美德归功于两种不同的、相反的原理。然而印度人在承认与自然的亲缘关系、与万物的牢不可破的联系时从不会有任何踌躇。

宇宙之根本统一对印度人来说不是简单的哲学思辨，而是要在感情上和行动上去亲证这种伟大和谐的生活目标。用冥想和礼拜，用对生活的调整，去培养他们的意识，任何东西在印度人看来都具有精神意义。地、水和光，花和果，这对他们来说不仅是物理现象，用则取之，不用则弃之，它们正像每一个音符对于完成和音是必要的一样，也是获得完美理想的需要。印度人直观地感到这个世界上现存的东西对我们来说都具有生死攸关的意义，我们得充分考虑到它，和它建立一种自觉的关系，这不仅是受对科学的好奇心或者对物质利益的贪婪所驱使，而且是以欢乐、平和的伟大情操，以同情的精神去亲证它。

科学家认为世界不仅是呈现于我们感官的样子，他们认为地和水实际上是力的作用，而对我们却表现为地和水——这是怎么回事呢？我们只能部分地理解。同样，具有灵智的人认为地和水的最终真理依赖于我们对永恒意志的理解，永恒意志是有节奏地活动并且以我们在那些方面所发现的力的形式表现出来。因此这不像科学那样是纯粹的知识，而是灵魂对灵魂的感知。它不像知识一样带给我们力量而是带给我们欢乐，这是亲近者结合的结果。一个对世界的了解不比科学方法了解得更深刻的人，永远不能理解具有精神的洞察力的人在这些自然现象中发现的事物。水不仅洗涤了四肢，由于触及了灵魂而净化了心灵；地不仅支撑了身体，而且使精神愉快，因为与它的接触不仅是一种物质接触——它是生命的体现。当一个人认识不到他和世界的密切关系时，可以说他是住在被墙壁隔绝的牢房里。当他认识了万物之中永恒的精神时，于是他就解脱了，因为他发现了赖以生存的这个世界的最完美的意义，到那时人发现自身是在完全的真理中，并且与万物建立了和谐。在印度，人们被教导得完全觉知他们与周围事物（物质的和精神的）具有最密切的关系，他们向朝阳，向流水，向果实累累的大地祝福，将它们看成同一种生活真理的显现，他们自己也置身于这

种真理的怀抱中。这样，我们每天沉思的课题就是圣诗，它被认为是全部吠陀的集中体现。由于它的帮助我们才尝试着去认识人的灵魂意识和宇宙是根本统一的，我们才学会去理解这种统一是由永恒的精神结合而成，它的力量创造了大地、天空和星辰，同时也用意识之光照亮了我们的思想，而这种意识存在和运动于与外部世界不可分割的统一中。

印度人绝不会试图忽略不同事物的不同价值，因为他们知道如果那样做就不可能生活。在创造的梯级上人类是优越的，这种观念不曾离开他的头脑。但是他们对自己的优越感的真正所在有自己的看法，它不在于他所拥有的力量，而在于联合的力量。因此，印度人选择朝圣的地方，无论在哪里必有特殊的崇高和美丽，以致他们的思想能够从狭窄的必然世界走出来，而认识自己在无限中的地位。这就是为什么在印度曾经是食肉的人们放弃肉食，而培养对生命普遍抱有同情心的原因，这在人类历史上是罕见的事情。

印度人知道当我们受到精神和肉体的障碍而极度地脱离自然界无穷无尽的生命时，当我们仅仅是孤立的人而不是宇宙之中的人时，我们就会提出困惑不解的难题，并且割断了解释它们的泉源，我们试图用各种人为的方法去解释，却给自己带来了无穷的困难。当人离开了他在宇宙中栖息的地方，而行进在人性的单一的绳索上时，这对他来说就意味着摇摆或跌落，他不停地绷紧每一根神经和肌肉，以便在迈步时保持平衡，随后，在他疲倦休息的时候，因为想到自己曾受到万物不公正的待遇而大声斥责神明并在内心感到自豪和满足。

但是这不能永远继续下去，人类必须认识自己生存的全部，认识人在无限中的地位。他必须知道尽管他可以努力，但在小小的蜂房里永远也不能酿出蜂蜜，因为终年供给他生活的食物是在蜂房以外。人类必须知道当他断绝了与生气勃勃的和纯洁的宇宙之间的联系，而为了食物和健康求助于自身时，他就把自己推向疯狂，将自己撕成碎片，吃自己的肉。失去这整个自然的背景，人类的贫穷就丧失了单纯性的优点，而变得卑鄙和无耻了。人类的富足不再是宽宏大量而只是变为奢侈。人类的欲望不会有助于他的生命，不会固守在人生目的的界限之内，欲望成了目的本身，使人类的生命燃起了欲火，并在熊熊的火光中玩琴取乐。于是我们就在自我表现中企图恐吓人，而不是去吸引人；在艺术上我们追求新奇，而忘却了万古常新的真理；在文学上我们失去了关于人的单纯而又伟大的完整看法。人显得像是一个心理学上的问题，或一种感情的体现，这种感情由于变态而很激烈，它是在强烈的人为的光线照射下被显示出来的。当人的意识只局限于他的人性的自我的周围时，他本性的更深的根基绝不会找到永久的土壤，那时人类的精神就会濒临饥饿，并且以追求周围的刺激来代替健康的力量。到那时，人将会失去他内在的前景，并用他自己的尺度衡量他的伟大，而不是通过与无限的有力的联系；用他自己的运动判断他的行为，而不是用完美的宁静——存在于星空中的宁静，存在于永不停息的有节奏的创造之舞中的宁静。

侵入美洲的欧洲移民和印度最初的入侵者相类似，他们也面临着原始森林，并且向土著挑起激烈的战斗。但是美洲的人与人和人与自然之间的这场战斗一直持续到最后，从不让步。在印度，野蛮人居住的森林后来成为贤哲的圣地，但是在美洲，大自然庄严的富有生机的圣堂对人来说已经没有更深的意义。它们只给人带来财富和势力，也许有时有助于人的美感享受，使一位孤独的诗人产生灵感。森林在人们内心永远也不会产生神圣的交往之情，不会被视为人类灵魂和宇宙灵魂相结合的伟大的精神和谐的场所。

我此刻绝不愿意说很多事情将会是别的样子。如果历史在每一场合都以同样的方式再现，那将是十足的浪费时机。处于不同地位的人们将他们不同的产品带到人类市场，互相补充对别人是必要的东西，这对于精神交往是很好的。总之我想说的是印度一开始她的历程就面临着对她并非不利的环境的特殊结合。她循着自己的良机，沉思默想、苦行和精进，潜入存在的深层，并且获得了某些东西，这些东西对那些在历史上以一种全然不同的方式进化的人们确实很有价值。人类为了健康地成长，需要所有构成复杂生命的全部生活的要素，这就是为什么他的食物栽培在不同的土壤和取自不同来源的原因。

文明是各个民族为了按照它最好的理想塑造国民而忙于制造的一种模型，它所有的机构、立法机关、奖惩准则、有意识或无意识的学说都针对这一目标。西方近代文明通过全部机构的努力试图在身体方面、智力方面和道德方面培养出完美的人来，因此，这些国家最大的精力是放在使人的力量扩大到超出自己的范围，人们正在努力联合并发挥一切才干去占有和利用能够得到的一切东西，在探索的道路上去克服任何障碍，他们甚至训练自己与自然和其他民族打仗，他们的武装力量日益强大，他们的机械、设备、机构以惊人的速度持续增加，这就是辉煌的成就，无疑地，这是人类征

服力的惊人表现，为了达到人类超越万物之上的目的，他们不知道何谓障碍。

然而印度古代文明有她自己完美的理想，它的努力完全倾注于这种理想。它的目的不是获得权力，不是尽力去培养能力，不是为了防御和进攻的目的而去组织人们，也不想为了得到财富，得到军事和政治的优势而建立合作。印度人要实现的理想是使最优秀的人们过与世隔绝的冥想生活，她通过证悟实在的秘密为人类获取的珍宝，使她在世俗成功的领域里付出了极高的代价。然而，这同样是崇高的伟业——这是不知界限的人类抱负的崇高表现，它的目标就是亲证无限，此外别无他求。

在印度有贤人、智者、勇士，有政治家、国王和皇帝，但是在所有的这些等级之中，印度人所崇拜和选择的代表人物是谁呢？

他们是贤者，贤者是什么人呢？“他们是以充满智慧的认识获得最高灵魂的人；是在统一的灵魂中发现最高灵魂与内在我具有完美和谐的人；他们是在内心摆脱了全部私欲而亲证最高灵魂的人；是在今世的全部活动中感受到他(最高神)，并且已经获得宁静的人。贤者是全面证悟了最高神的人，他们已经找到了永久的宁静，与万物结合而进入宇宙生命中。”(《蒙达迦奥义书》Ⅲ，2，5)

这样，当我们认识了与万物的关系，我们将通过与神的结合而进入万物，这种状况在印度被认为是人生的最终目标和人性的实现。

人类能够破坏、掠夺、赚钱、积聚、发明和发现，但是人类所以伟大是因为他的灵魂能容纳一切。当他将自己的灵魂封闭在僵化的习惯、无生命的硬壳中时，当他被卷入盲目地工作的旋涡，好像暴风卷起灰尘遮住了他的眼界时，他将会遭受到可怕的破坏，这实际上是扼杀了他的生命的真正精神，也就是能容纳一切的精神。人在本质上既不是他自己的，也不是世界的奴隶，而是爱者，人类的自由和人性的完成都在于“爱”，爱的别名就是“包容一切”，由于这种容纳力，这种生命的渗透力，使人类灵魂的气息与弥漫于万物中的精神才能结合起来。无论在什么地方，人总想竞争、挤垮别人以出人头地，总想获得这种差别，因此而自高自大，目空一切，此时，他已背离了包容一切的精神。这正是为什么奥义书将获得人生目的的人们描写为“宁静的人”、“与神合一的人”的原因，这意味着他们生活在人和大自然的完全和谐中，因此，也生活在不受任何干扰的与神的统一中。

我们在耶稣的教诲中也曾见到这同样的真理，他说过：“富人进天堂比骆驼穿过针眼更难”，这意味着我们为了个人敛财而脱离了别人，我们的财富限制了我们自己。热心于积聚财富的人，他的自我不断地膨胀，因而不能进入完全和谐的、容纳一切的精神世界的大门，只能将自己封闭在他所占有的获得物的狭小的堡垒中。

所以奥义书教导的精神是：为了寻求神你必须拥抱万物。为了追逐财富，得到小利，而真正抛弃了万物，这不是亲证完美的神的道路。

直接或间接地受益于奥义书的某些近代的欧洲哲学家们，他们非但没有认识到他们所得的教益，反而说印度的“梵”(Brahma)只不过是一种抽象，是对现存世界上的一切东西的否定。总之，他们认为无限的神只能在玄学中找到，此外任何地方也不能找到。这种说法大概在我国部分国民当中也曾经，并且一直很流行，但是，这必定与渗透于印度人头脑中的思想相悖，相反，领悟和肯定万物中无限的存在的惯例，已经成为印度人永远的灵感。

我们曾得到这样的教诲："存在于这个世界上的任何东西都似乎被神所包围。"(《伊莎奥义书》Ⅰ)

> "我再三地向存在于火和水中的神，向遍布于全世界的神，向存在于每年收获物中的神和存在于多年生的森林中的神朝拜。"(《白骡奥义书》Ⅱ，17)

能够把这个神从世界中抽象出来吗?！相反，它不仅意味着在万物中能看到它，而且要在这个世界上的所有东西中礼拜它。奥义书中具有神的意识的人对于宇宙，抱有深深崇拜的感情。他所崇拜的对象，体现在一切地方。正是这种唯一的活生生的真理使全部实在成为真实的。这种真理不仅是认识的真理，而且是信仰的真理。"南无南无"——无论在什么地方我们都再三地向它朝拜。这种真理是在贤者突然迸发的感情中被认识的，他在突然欢乐的狂喜中向全世界发表演说："听我说，不朽精神的儿子们，寓居天国的人们，我已经认识了超人，他的光辉穿过黑暗照射到前方。"(《白骡奥义书》Ⅱ，5，Ⅲ，8)在没有丝毫暧昧或盲从的地方难道我们没有发现直接、积极地体验到的压倒一切的欢乐吗?

佛陀发展了奥义书教诲的实践方面，宣讲了同样的教戒，他说："对于上下、远近、可见与不可见的一切事情，你们都应该保持无限热爱的关系，没有任何怨恨，没有杀生的欲念。当你站着或走路、坐着或躺下，直到睡眠时，都要生活在这样的意识中，这是梵的寺院，或者，换句话说，在梵的精神中生活和行动，才有你的欢乐。"

什么是梵的精神呢？奥义书说，"实质上它是万物的生命和光芒，它是宇宙意识，它是梵。”（《广林奥义书》Ⅱ，5，10，Ⅱ，5，19）去感觉一切，意识到一切，这就是梵的精神。我们的肉体和灵魂已经沉浸在梵的意识中，太阳吸引地球是通过梵的意识，光波在行星间的传递也是通过梵的意识。

“这种生命和光芒，这个感知一切者”不仅在宇宙空间，而且也“存在于我们的灵魂中”，它是宇宙空间或广袤世界里的完全的意识者，也是灵魂中或内心世界里的完全的意识者。

因此，要想获得宇宙意识，必须使我们的感情和遍满一切的无限的感情结合起来。事实上，人类真正的唯一的进步就是与这种广阔领域中的情感相吻合。我们全部的诗歌、哲学、科学、艺术和宗教都是用来使我们意识的范围延伸到更高更广的领域。人不是通过占据更大的空间而获得权力，也不是通过外在的行为活动而获得权力，只有在他是真实的范围内，他的权力才能扩展。他的真实性是由他的意识范围来衡量的。

无论如何，为了获得这种意识的自由，我们必须付出一定的代价，这种代价是什么呢？就是抛弃个人的自我。只有通过否定自我，我们的灵魂才能够证悟真正的我。奥义书说：“你们应该通过放弃而获得，你们不应该贪婪。”（《伊莎奥义书》Ⅰ）

《薄伽梵歌》告诫我们要无私地工作，为了成功而抛弃一切欲念。许多不了解印度的人从这些教义中断定流行在印度的这种把世界视为某种不真实的东西的观念是建立在所谓的无私无欲的根基上，但是事实正相反。

一心想增加自己力量的人，会忽视其他任何东西，和自己相比，世界上其他东西都是不真实的，因此，为了充分地意识到万物的真实性，人类必须从个人私欲的束缚中解脱出来，我们必须进行这种修炼是为了承担社会义务分担同胞的负担。为了获得伟大生命而作出的每一次努力都要求人“通过放弃而获得，切不可贪婪”。因此，逐渐扩展个人的意识，使它与万物融为一体，是人类奋斗的目标。

在印度，无限不是缺乏内容的，空洞的非存在。印度的圣贤们强调说：“在现实中能亲证它（无限），人生就是真实的；在现实中不能证悟它，人生就是死亡的孤寂。”（《由谁奥义书》Ⅱ，5）那么，如何去亲证它呢？“要在个人和众人中去亲证它。”（同上）不仅在自然界，而且在家庭、社会、国家，在万物存在的一切地方去亲证宇宙意识，对宇宙意识亲证得越多，越好。不能亲证宇宙意识我们就会濒临毁灭。

当我想到远古时代，我们的诗人预言家站在印度太空充足的阳光下，以愉快、亲切的心情向宇宙致意时，就使我对人类的未来感到莫大的欢欣和强烈的希望。他们的看法不是一种拟人的幻觉，不是把人看成反映在各处的异样的夸大了的映象，目睹人类的戏剧在迅速闪现着光和影的大自然舞台上以巨大规模演出，与此相反，它意味着跨过了个人的界限，成为高于人，与众人合一的人，它不只是想象的戏剧，而是意识从完全神秘化的、被夸大的自我中的解脱，这些古代的先知们，在他们深澈的心中感觉到：这种颤动并转化为宇宙无限形式的活力，同样在我们内心存在，表现为意识，而且没有破坏统一性。对于这些先知们来说，在他们完美聪明的见解中不存在分歧。他们甚至永远不会将死亡看成是在现实中刻下的裂痕，他们说：“它的反映是死亡，但也是不朽。”（《尼理心诃奥义书》Ⅱ,4)他们不承认在生死之间有任何根本的对立,他们绝对确信地断言:"生就是死",(《阿闼婆吠陀》Ⅻ,4,11)他们以同样平静喜悦的心情赞扬说:"生命有显现的形态,也有隐没的形态"——"在生命中隐没的是过去的形态,然而那也是未来的形态。"(《阿闼婆吠陀》Ⅺ,2,15,Ⅺ,4,15)他们知道生命的显现和隐没像海洋上的波浪一样是表面的,只有永久的生命,不朽也不灭。

"万物从不朽的生命中涌现

并充满了活力。"

(《羯塔奥义书》Ⅱ,6,2)

"因为生命是无限的"

(《阿闼婆吠陀》Ⅺ,4,12)[①]

意识的至高自由的理想是我们祖先的最宝贵的遗产,等待我们将它接过来,并变为我们自己的理想,它不仅具有理智和感情的基础,也有伦理的基础,它必须转化为行动。《奥义书》说:"最高的存在(梵)遍布于万物,因此,他是在万物中固有的善。"(《白骡奥义书》Ⅲ,11)我们要在认识、爱和奉献中与万物真正结合在一起,这样,在遍布于万物的梵中亲证自我的善的本性,这就是奥义书教导的宗旨:"生命是无限的"。

① 引文译自《泰戈尔著作集》(八),1981年东京,日文版,第508—509页。

二　灵魂意识

我们已经看到古代印度人曾经渴望在全知、遍在的精神——梵中生活和行动，并通过把梵的意识扩展到全世界而在梵中获得欢乐。但是可能有人会强调，这是一个人类不可能完成的任务。假如意识的扩展是个前进的过程，那么这个过程将永无止境，正像试图舀干海水然后再渡海一样。如果一开始就想实现一切，那么最终就会一无所成。

但是，实际上，并不像听起来那么荒谬，人类每天都在解决扩展他的领域和调整他的义务的问题，他的义务很多，太沉重了以至于他承担不了，但是他知道只有选定一种方法，他才能减轻自己的负担。无论何时只要他们感到太复杂且不方便，他就知道这是因为他没能得到可将任何事物置于适当的位置，并且使重担能平均分担的方法。寻找这种方法，实际上是在寻求统一，寻求综合。这种方法是试图通过一种内在的调整去协调外在事物多相的复杂性。在这种寻求的过程中，我们会逐渐地意识到，找到这个“一”就会拥有“一切”。实际上，在那里我们有最终和至高的特权。这种方法是基于统一的法则，只要我们领悟它，我们就有持久的力量。它的生命源泉在于真理的力量，即包含着多样性的统一真理的力量。事实是多，但真理是一。动物的智力只知道事实，人类的头脑却具有领悟真理的能力。苹果从树上掉下来，雨水降落在地上——你能以这样的事实不断劳累你的记忆，永远不会终止，但是你一旦掌握万有引力定律，你就无须搜集无穷的事实，你已经获得了支配无数事实的真理。一种真理的发现对人类来说是纯粹的欢乐——是他思想的一种解放。因为，仅有事实就像一条死胡同，只能引向事实本身却不能超出它。但是真理却打开了整个眼界，它把我们带入无限。这就是为什么当一个像达尔文这样的人发现了关于生物学的某些简单的一般真理时，并没有止步不前而是像一盏灯一样，不仅照亮了它的目标，还把它的光芒射向远方，它照亮了人类思想和生活的整个领域，超出了最初的意图。因此我们发现当真理概括全部事实时，不只是许多事实的堆砌，而是从各方面超越它们，并指向无限的实在。

在意识领域正像在知识领域一样，人类必须清楚地认识到某种重要的真理：这种真理将使他的眼界更加开阔，这一真理正是《奥义书》说“领悟你自己的灵魂”时所思考的，或者，换句话说，即在每个人的内心亲证一种伟大的、统一的原则。

我们一切利己主义的冲动，一切自私的欲望，都使我们灵魂的真实景象模糊不清，因为它们只表现出我们自身狭小的自我。当我们具有清醒的灵魂时，我们才能发现内在的本质，它超越我们的自我并与万物有着非常亲密的关系。

当孩子们开始学习字母表上单独的字母时，并没有找到乐趣，因为他们还没有体会到课文的真实含义。实际上当要求我们的注意力只放在字母本身时，正像只注意孤立的事实 样使我们厌倦，只有当字母结合成词和句，并能表达一种观念时才能成为我们欢乐的源泉。

同样,当我们的灵魂被分离并被束缚在自我的狭小的范围内时,就会失去它的意义,因为灵魂真正的本质是统一,只有使我们自身的灵魂与他人的灵魂统一起来,才能发现灵魂的真理,才有灵魂的欢乐。只要人类还没有发现存在于自然界中这种统一的法则,人类就会感到苦恼并处于担惊受怕的状态,直到那时为止,世界对他来说仍然是异己的。人类所发现的法则只不过是遍及于理性,即人类的灵魂与世界运行之间的和谐的感觉,通过这种一致的结合,人类与他生活的世界相联系,并且当他发现这种法则时,就会感到无限欢乐,因为此时他在自己周围的事物中证悟了他自己。了解任何事物就是从中发现我们自己的某些事物,这是在我们之外发现我们自己,因此它使我们高兴。这种理解的联系是部分的,而爱的联系则是全部。在爱中差别的意义被忘却,人类的灵魂充满了完美的意愿,超越自身的局限而进入无限。因此爱是人类能够得到的最高的幸福,因为只有通过爱人类才能真正懂得他比自身更伟大,他存在于与万物的统一中。

人类在自己灵魂中所具有的这种统一的原则永远是积极的,它通过文学、艺术、科学、社会、政治与宗教广泛地建立起各种关系。我们伟大的先知就是那些为了人类的爱而献身从而揭示出灵魂的真谛的人们。他们以爱的奉献来对付诽谤、迫害、剥夺和死亡的危险,他们过着有灵魂的生活而不是自私的生活,这样,他们就向我们证明了人性最终的真理,我们称之为“具有伟大灵魂的人(Mahātmās)”。

在一部奥义书中曾说过:“并不是因为你最想望儿子而热爱儿子,而是因为你最想望自己的灵魂而热爱儿子。”其意是说,我们热爱谁是因为在他那里我们在最高意义上发现了我们自己的灵魂，我们存在的最终真理就在于此。最高的灵魂既寓于我也寓于我的儿子之中，我的欢乐在我儿子身上，就是这种真理的亲证。这已成为极普通的事实，然而认为我们所爱的人的欢乐与痛苦就是我们的欢乐与痛苦仍是令人赞叹的——不，它们还要更甚。为什么呢？这是因为在他们身上我们变得更伟大了，在他们那里我们接触到包含整个宇宙的伟大真理。

为了爱我们的孩子、我们的朋友，或是其他所爱的人而妨碍了我们进一步去证悟我们的灵魂，这是常有的事。它虽然扩大了我们的意识领域，无疑地，也为灵魂的自由发展设置了一个限界。然而这只是第一步，并且所有的奇迹都在于这第一步，它为我们指出了我们灵魂的真正本性。肯定地说，由此我们懂得了我们最高的欢乐是失去自私的自我而与他人的灵魂相结合。这种爱给我们一种新的力量和洞察力，并且使美的精神扩展到我们四周的范围。但是，如果这些界限失去了它们的弹性并且完全同爱的精神冲突，就会停止这样做，我们的友谊就会变成排他的，我们的家庭就会是自私和冷漠的，我们的民族将是狭隘的，并对其他民族充满了敌意。这正像将一支点燃的灯放入一个密封的围墙内，它光辉灿烂，直到毒气越积越多把火焰闷熄。不过在火光熄灭之前却证明了这个真理，它使我们懂得自由的欢乐是摆脱黑暗、盲目、虚空和冷酷的控制。

根据奥义书的教导，通向宇宙意识、神的意识的关键在于灵魂意识，舍弃自我去领悟我们的灵魂是亲证最高解脱的第一步，我们必须绝对地确信，我们的本质是精神。通过战胜自我；通过超越一

切傲慢、贪婪和恐惧;通过认识一切世俗的损失和肉体的死亡都不能从真理和我们高尚的灵魂中取走任何东西,我们能够做到这点。雏鸟知道当它突破孤立的以自我为中心的蛋壳时,这个把它封闭了很久的坚硬的外壳并不真正是它生命的一部分,那个硬壳是个死东西,它不会生长,也不会让它看清在它外面的广大世界,无论它是如何可爱,完美而圆润,必须给予一击,必须突破它才能获得空气与阳光的自由,完成鸟的生命的最终目的。在梵文中,鸟被称为再生者(the twice-born),对于至少经受过十二年自我抑制和高度冥想的修炼仪式的人也应这样称呼,他表现得淡泊、纯净,并准备以高尚无私的精神来承担人生的一切职责;人们认为他已经获得了从自我的黑暗包围到灵魂生活的自由的再生;与他周围的事物建立起生机勃勃的关系,并与万物合而为一。

我已经告诫过我的听众,并且必须再一次提醒他们,不能认为印度的导师们在宣扬一种只能导致消极的空虚之境的弃绝世界和弃绝自我的观念。他们的目的是亲证灵魂,或者,换句话说,是在完美的真理中获得世界。当耶稣说"温柔的人有福了,因为他们必承受地土"(《马太福音》V,5)时,即指此意。耶稣宣告的真理是:当人类能摆脱自我的傲慢时,他才能真正承受一切,他无须再为达到自己在世界上的地位而去争夺,依靠他灵魂的永恒权利,他处处都是安全的。自我的傲慢妨碍了灵魂通过世界与世界神的完满结合而亲证灵魂本身固有的机能。

佛陀在布道时,对萨杜·辛哈(Sādhu Simha)说:"真的,辛哈,我谴责行动,但是只谴责导致恶言、恶念(思想)、恶业(行为)的行动;这是真的,辛哈,我宣扬灭除,但只是灭除骄傲、贪欲、恶念和无知，并不主张灭除宽容、博爱、慈善和真理。”

佛陀所宣扬的解脱学说是摆脱无明的束缚，无明即是无知，它使我们的意识愚昧，并试图把它局限于我们自身的束缚中。正是这种无明，这种无知，这种意识的局限造成顽固孤立的自我，从而成为一切傲慢、贪婪、残忍以及追求个人享乐的根源。当一个人睡眠时，他是将自己的肉体生命封闭在狭小的活动中，他活着，但是他不知道自己生命与周围事物所具有的多种多样的关系——因此，他不了解自己。同样，当一个人过着无明的生活时，他把自己幽禁在自我中，这是一种精神的睡眠，他的意识完全没有觉知到包围他的最高实在，因此，他不能领悟自己灵魂的实在。当他觉醒时，也就是说，当他从自我的沉睡中觉醒到意识的完美时，他就会成佛（觉者）。

有一次，我在孟加拉农村，遇到某教派的二位苦行僧，我问他们：“你们能告诉我，你们宗教的特色是什么吗？”其中一位踌躇一会儿回答说：“对此下定义是困难的。”另一位说：“不，这十分简单，我们认为，在我们精神导师的指导下，我们首先领悟我们自己的灵魂，当我们达到这一点，我们就能找到在我们内心的最高的灵魂。”我问：“为什么你们不对世界上所有的人宣扬你们的学说呢？”他回答：“谁感到渴了，自己会到河边来。”“那么，你们发现有这样的事吗？他们来了吗？”这人微微一笑，没有丝毫急躁和忧虑，自信地说：“他们一定来，全都会来。”

是的，这位孟加拉农村淳朴的苦行者，他是正确的。人类的确要广泛满足对他来说比衣食更重要的需求，他一心要探索自己。人类的历史就是为亲证不朽的自我（他的灵魂）去探索未知物的旅程的历史。历经帝国的兴衰;历经财富的大量聚积和无情地抛散于尘土;经过形成他的梦想与抱负的象征性的许多创造物,又像丢弃童年用旧的玩具一样把它们丢弃;通过他为打开创造的神秘之锁而锻造的魔钥,经过放弃这种长期的劳动而回到他的工作室重新创造某些新的形式;是的,经过所有这些历程,人类正从一个时代到另一个时代朝着最完满地亲证自己的灵魂这一目标前进。——这灵魂比人类积累的许多事物,比他完成的种种行为,比他建立的各种理论更伟大;人类灵魂的前进过程永远不会由于肉体的死亡和腐朽而终止。人类的错误与失败并不意味着毫无价值或微不足道,他们已经用大量的废墟填平了他的道路,他的苦难像一个巨儿出生时的阵痛那样剧烈,它们是成功的前兆,其范围是无限的。人类已经经过了各种磨难,并且还要经受各种磨难,人类的制度是他自己建成的祭坛,他每天都把大量的极好的祭品奉献给它,如果他并不觉得在他内心灵魂始终充满了极大的欢乐,那么,这一切都将是完全无意义的和难以忍受的,灵魂的极大欢乐需要经受痛苦来考验它的神圣力量,通过放弃来证明它的永不枯竭的财富。是的,他们来了,这些朝圣者们全都来了,来到他们真正继承的世界上,他们总是在扩大自己的意识,不断追求更高的统一,不断接近包容万物的唯一的主要真理。

人类在获得完全的灵魂意识之前他的贫困是无底的,他的欲求是无止境的。直到那时,世界对他来说是处于一种持续不断的变动状态——是一种既存在又不存在的幻影。对于一个已经证悟了灵魂的人来说,却存在一个确定的宇宙中心,围绕这个中心万物都能找到它的适当位置,只有他才能由此获得并享受和谐生活的福乐。

曾经有一个时期，那时地球仅仅是一个星云状的物质，她的粒子通过热膨胀力远远扩散；那时她还没有确定的形式，既不美也没有目的，只有热和运动；渐渐地，当地球通过一种力的作用，尽量将所有扩散的物质集中于一个中心的控制下，她的蒸气被凝聚为一个统一的球体时，如同一颗悬挂在钻石项链上的绿宝石一样，她在太阳系的行星群中占据了适当的位置。我们的灵魂与此相同，当盲目的冲动和情欲的热与运动从四面八方诱惑我们时，我们既不能给予也不能接受任何真正的东西。但是当我们依靠自制力，依靠一切对抗因素力量的调和，使这些分散的力量统一起来，而在我们灵魂中找到了我们的中心时，那时我们全部孤立的印象就会化为智慧，我们内心所有瞬息的冲动就会在爱中得到满足，此时我们生活中一切微小的细节都显现出无限的目标，我们的一切思想与行为都不可分割地统一于内在的和谐中。

奥义书强调说："你须了解'一'，即灵魂，它是导向永生的桥梁。"(《蒙达迦奥义书》，Ⅱ，2，5)

发现内心深处的这个"一"，这就是人类的最终目标，它是人类的真理，是人类的灵魂，是人类用以打开精神生活的大门，即天国的大门的钥匙。人类的欲望很多，他们疯狂地追求世界上的各种事物，因为在其中有他们的生命和想要达到的目的。然而他内在的"一"却总在追求统一，知识的统一，爱的统一，意志目标的统一。当人类在永恒的统一中获得无限的"一"时，就是他的最高的欢乐。因此，奥义书说："只有那些内心平静的人，而不是别人，通过证悟他们内在灵魂中的，在多样形式中显现出唯一本质的最高存在，才

能获得永久的欢乐。”(《迦塔奥义书》,Ⅱ,5,12)

我们内在的“一”(灵魂)通过世界上的一切差异正在使它的进程通向万物的“一”,这就是灵魂的本性,这就是灵魂的欢乐。然而,如果没有灵魂自身的光芒,通过那条曲折的道路是永远不能达到目标的,只有靠灵魂的光芒,才能在瞬间看到我们所寻求的奇景。在我们自己的灵魂中,最高神(Supreme One)的影像是直接的和在瞬间直观的,完全没有建立在任何推理或论证上。我们的眼睛自然把一个物体作为一个整体来看,不是把它拆散为部分,而是由我们自己把所有的部分集合为一体。我们灵魂意识的直觉也是如此,它在最高神那里自然地、完整地证悟了它的统一。

奥义书说:“在宇宙活动中正在显现自身的这位神,永远作为最高的灵魂寓于人类的内心,通过内心的直觉亲证他的人们才能获得永生。”(《白骡奥义书》Ⅳ,17)

这位神就是造一切者(Viśvakarma,音译毗首羯磨),他在外部,在自然界中表现为多种多样的形式和力量,而在内部,在我们的灵魂中则表现为存在的统一。因此,在自然的王国中,我们对真理的探求是通过分析和渐进的科学方法,但是,在我们灵魂中,我们对真理的领悟则是直接的和通过瞬间的直观。我们不能通过一点一滴的,甚至是世世代代逐渐积累的知识去获得最高的灵魂,因为他是一个整体,他不是部分的拼凑,我们只能把他作为我们心中的心,灵魂中的灵魂去体验他,我们只能在爱中领悟他,并且当我们舍弃了自我,面对面地站在他面前时,我们感到欢乐。

在我们古代的语言中,经常发自人们内心最深处、最恳切的祈祷是:“啊!自显之神啊,愿您将自身也显现于我的内心。”我们是痛苦的，因为我们是自我的创造物——这自我是褊狭与顽固的，它没有光的映射，看不见无限者。我们的自我是用不和谐的喧闹发出的噪音——它不是琴弦随着永恒的音乐而颤动的竖琴所发出的乐曲。不满的叹息，失败的消沉，对于过去碌碌无为的悔恨，对于未来的忧虑，这一切都在折磨着我们浅薄的心，因为我们没有发现我们的灵魂，自显之神还没有在我们内心显现。因此，我们呼唤："啊！令人敬畏的神啊！用您仁慈的微笑永远、永远地拯救我吧！"(《白骡奥义书》Ⅳ，21)这种对自我的满足，这种无止境的贪婪，这种占有的骄傲和蛮横疏远的心，都是窒息死亡的幕帐。"啊！楼陀罗(Rudra)，您这令人敬畏的神啊！愿您撕开覆盖黑暗的幕布，让您仁慈微笑的拯救之光，穿透朦胧的黑夜，唤醒我的灵魂吧！"

"把我从虚幻引向真实，从黑暗引向光明，从死亡引向永生吧！"(《广林奥义书》Ⅰ，3，28)但是，如何能使神接受所希望的这种祈祷呢？因为存在于真实与虚幻之间、死亡与永生之间的距离是无限的，所以这巨大的鸿沟只有当自显之神在我们灵魂中显现的瞬间才能被跨越，奇迹就发生在这里，因为这儿正是无限与有限的会合处。"父啊！涤除我的一切罪恶吧！"因为罪人支持有限去反抗他内在的无限，这是以他的自我击败他的灵魂。这是一场危险的注定要失败的竞赛，在这场竞赛中，人类以他的全部赌注去赢得一个部分。罪恶是真理的污迹，它使我们纯洁的意识模糊不清。陷入罪恶，我们会贪图享乐，并不是因为享乐是真正的需要，而是因为情欲的赤火使享乐显得需要。我们渴望某些事物，并不是因为它们本身是重要的，而是因为我们的贪婪夸大了它们，使它们显得重要。这些夸张，这些事物的假象，每一步都打破了我们生活的和谐，使我们丧失了真正的价值标准，而被互相争斗的各种生活利益的虚妄要求所迷惑。正是由于不能使人类本性的全部要素置于最高神的统一与支配下，才使人类感到与神分离的痛苦，从而产生了最恳切的祈祷："神啊，父亲啊，愿您清除我们的全部罪恶吧！愿您赐予我们善。"善是我们灵魂每天的食粮。我们耽于逸乐而禁锢自己，从事于善则使我们自由，并使我们属于万物。正像胎儿在母腹中通过他的生命与更大的母亲的生命结合汲取营养一样，我们的灵魂只有依靠善才能汲取营养，善是对内在亲缘的认知，是灵魂与"无限"交往的渠道，通过这种渠道，灵魂才能被保护、被哺育。因此说："饥渴慕义的人有福了，因为他们必得饱足。"(《马太福音》Ⅴ,6)因为正义是灵魂的神圣食物，只有正义才能满足人类的饥饿，才能使人类具有无限的生命，才能在人类成长过程中帮助他走向永恒。"我们向您致敬，您为我们带来了生命的欢乐；我们也向您致敬，您为我们灵魂带来了善；我们向您致敬，您是善，是至善。"在宁静与和谐中，在善与爱中，我们与万物相结合。

人类渴望最充分地表现自己，正是这种自我表现的愿望导致他去追求财富与权力。但是他必须发现积聚财富与权力并不能使愿望实现，显现自己不是借助外在的事物而是由于内在的光，当内在的光被拨亮时，他立即就会懂得，人类最高的显现正是神本身在人类内心的显现。同时，人类所渴望的是为了表现他的灵魂，而人类灵魂的表现正是在人类自己灵魂中的神的显现。当人类的灵魂在无限的存在中领悟自己时，他将成为完全的人，他将达到最充分的显现，这无限的存在就是神(Āvih)，他的本性是显现。

人类真正的痛苦在于这个事实，即他还没有完全表现出来，他遮蔽自我，迷失在他自己的欲望中。超出他个人周围的事物，他就不能感知自己，他的伟大的自我被抹掉了，他的真理没有被领悟。因此，从他整个生命发出祈祷：“啊！您是精神的显现者，愿您也在我内心显现出来。”这种对人类自我完全显现的渴望，在人类内心，比他在肉体上对食物的饥渴，比他对财富和荣誉的欲求更深切。这种祈祷不仅出自个别人心中，而且存在于万物的深处，人类内心中的神（Āvih）不停地激励他，永恒精神显现者不断地催促他。在有限中表现无限，这是一切创造的目的，在群星灿烂的天空中，在鲜花的艳丽中，都不能看到它的完美。无限只存在于人类的灵魂中，因为在这里将以意志寻觅它的显现，并且在舍弃自我的自由中使自由达到它的最终目的。

因此，伟大的宇宙之王没有用他的权威去干预人类的自我——而是给它以自由。人类在肉体和精神方面都与大自然相联系，他已经接受了宇宙之王的统治；但是他的自我却是自由的，不承认宇宙之王的权威。在那里我们的神必须获得他的入口，在那里他要作为一位客人而不是一位国王来访，因此他必须等待着，直到被邀请。正是从人类的自我中，神收回了他的统治权，为此他来寻求我们的爱。神的武力，自然法则，站在自我的门外，只有美，这爱的使者，才允许进入它的领地。

只有在允许无政府状态存在的意识领域中，只有在虚假与非正义的倾轧占据统治地位的人类的自我中，事情才发展到这一步，使得我们大声疾呼我们的痛苦：“如果有神存在，如此极端无法的状态绝不会出现！”的确，神已经站在我们自我的外边，他无限耐心地等待着，假如把他拒之门外，他绝不会强迫把门打开，因为我们的自我必须获得它最终的意义，即，灵魂，不是通过神力的强制而是通过爱，在自由中与神合而为一。

精神与神合一的人立于人前，有如人类最崇高的精华，实际上，人已发现他的本质是什么，因为神（Āvih）在人类灵魂中的显现正是神本身最完美的显现，因为在那里，我们看到最高意志与我们意志的统一，我们的爱与永恒爱的统一。

所以在我们国家里真正爱神的人都受到人们如此的尊敬，这在西方人看来几乎会被认为是亵渎神明的。我们在他身上看到神的愿望得到满足，阻碍神显现的一切最困难的障碍都已消除，神所拥有的纯粹的欢乐之花正在人性中盛开。通过与神合一的人，我们发现整个人类世界充满了神圣的亲切气氛，在他的生命中燃烧着神的爱火，使我们一切尘世的爱灿烂夺目。我们生活中一切亲密的交往，一切痛苦与欢乐的体验，都聚积在这种神圣之爱的显现的周围，并且在他身上我们目睹了这场戏剧的形成。触动无限的神秘之弦超越平凡与浅薄，就会使它发出难以形容的乐曲。这众多的树木、星辰和青山对于我们都表现为一些令人渴望的难以用语言来表达其意义的象征。当一个人的灵魂拉开了她内心自我的沉重的幕布时，当她撩起了面纱面对面地与她永恒的情人结合时，我们似乎在创造一个新世界的真正行为中看到了这位主人。

然而这是什么状态呢？它像是春天的早晨，生命多变又美丽，是一又是整体。当一个人从精神涣散的生活中得到拯救时，就会在灵魂中发现统一，那时无限者的意识对于他立刻变成直接的和自然的，有如光对火焰一样。此时，人生的一切冲突和矛盾都得到调和；知识、爱和行为都变得和谐；痛苦与欢乐在美中成为一体；享乐与自制在善中均等；无限和有限之间的缝隙充满了爱；每时每刻都带来永恒的信息；在花与果的形式中为我们呈现出无形；无限像父亲般拥抱我们；也像朋友一样同我们一起散步。只有灵魂，只有人中之“一”，通过其本性，才能克服一切局限，发现它与最高神的密切关系。当我们还没有达到内在的和谐时，我们的全部生命，我们的生活仍然保持习惯的生活。世界在我们面前仍旧表现为一部机器，它在有用时被操纵；在危险时受到警戒，而永远不会在它与我们充满了伙伴的关系中去了解它，同样也不会从它的物质本性、精神生活和美中去了解它。

三　恶的问题

生活中为什么存在恶的问题，正像为什么存在不完美性，或者，换句话说，为什么存在创造的问题是一样的。我们当然必须认为它不能是别的，创造一定是不完美的，一定是渐进的，对这个问题，用不着问为什么。

但是我们应该提出的真正问题是：这种不完美性是不是最终的真理？恶是否是绝对的和终极的？河流有其界限，有其岸，但是一条河全都是岸吗？或者，岸是关于河的最终事实吗？不是这些障碍物本身令水向前流淌吗！拖绳紧拴在船上，但是这只意味着束缚吗？与此同时，它不是拖着船向前走了吗？

世界的潮流也有其边界，否则它就不能存在，但是它的目的并不表现在限制它的边界上，而是表现为趋向完美的运动。奇妙的不是这个世界中应该存在障碍和痛苦，而是应该存在法则与秩序、美与欢乐、善与爱。人的生命中具有的神的观念更是一切奇迹中的奇迹。人类已经感到在他生命的深处所显示出的不完美正是完美的表现，正如一位会欣赏音乐的人能领悟到一首歌曲的美妙，而事实上，他只是在聆听一连串的音符。人类已经发现了这个伟大的悖论，即被限制的东西并不被禁锢在它的界限之内，它总是在运动，同时每时每刻都在摆脱它的限制，事实上，不完美并不是完美的一种否定，有限也并不和无限相对立，它们是显现于各个部分中的整体，是呈现于有限之中的无限。

痛苦是我们有限的感觉，并不是我们生活中一种固定状态。如同欢乐一样，痛苦本身也并不是目的。遭受痛苦就会知道它并不是创造中真正不变的部分，它是存在于我们理智生活中的错误。纵观科学发展的历史，也就是纵观在历史长河的不同时期它所造成的错误的迷宫。然而没有一个人真正相信科学是传播错误的一种最佳方式。在科学史上所记住的重要事情并不是它无数的错误，而是对真理的不断进步的确认。错误，就其本质来说并不是一成不变的，它不可能与真理并存，就像一位房客，只要他不能付清全部账款，他就必须搬出寓所。

正如在知识中的错误一样，在任何形式的恶中，其本质也是暂时性，因为它不能与整体相吻合，任何时候它都会被事物的整体所修正，并不断改变它的某一方面。由于我们把恶想象为一成不变，就夸大了它的严重性。如果我们能搜集到在这个地球上每时每刻所发生的大量的死亡和腐败的统计资料，它们定会把我们吓住。但恶总是运动的，尽管它是大量的，却不会有效地阻塞我们的生命之流，而且我们发觉大地、水和空气都为生命而保持着自己的甘甜和纯洁。所有这些统计资料都是由于我们想在静止中去描述那些运动的事物，在这个过程中，许多事物在我们心目中都设想有重量，而实际上它们没有，由于这个原因，一个职业和他生活的某一特殊方面相联系的人，容易夸大它的成分，不适当地强调某些事实而丧失了他们所坚持的真理。一个侦探可能有机会仔细地研究罪行，但是他觉察不到这些罪行在整个社会经济中的相对地位。当科学收集许多事实来证明动物界存在生存竞争时，我们头脑中就会浮现出一幅“被牙齿与爪子染红的大自然”画面，但是，在这些想象的图画里，我们是对实际上渐渐消失了的东西给予固定的颜色和形象。这就像要计算我们身上每平方英寸的空气重量来证明它一定重得足以把我们压碎一样，然而每个单位的重量都是合适的，我们轻松地承受住了负荷。关于大自然中的生存竞争是有相互性的，有对幼雏与同伴的爱，有来源于爱的自我牺牲，这种爱就是生活中的积极因素。

如果我们把观察的照明灯转移到死亡的事实上，这个世界对我们将表现为一个巨大的停尸房。但是我们发现在生物界关于死亡的思想很少占据我们的头脑，这并非因为它很少发生，而是因为它是生命的消极方面。正像尽管事实上我们每秒钟都在眨眼睛，但仍认为眼睛是睁着的一样。生命作为一个整体永远不会把死亡看得很严重，在死亡面前它欢笑、舞蹈和游戏，它建设、储藏并相爱。只有当我们把个别死亡的事实同生命整体分离时，我们才会看到它的空虚并变得沮丧。我们忘记了生命的整体，死亡只是它的一部分，就好像是从显微镜中看一块布，它看起来像一张网，我们注视着那些大大的洞，由于想象而颤抖。但事实是，死亡并不是最终的真实，它看起来是黑暗的，有如天空看上去是蓝色的，但是死亡并不是变黑了的实体，正像天空并不在鸟的翅膀上留下它的颜色一样。

当我们观察一个孩子学走路时，我们看到了无数次的失败，虽有成功却很少。如果我们把这种观察局限在很短的时间内，那景象会使人痛心。但是我们看到尽管有那些重复的失败，但对孩子却有一种欢乐的动力，使他继续完成这似乎不可能做到的事。我们看着他的时候，想得更多的不是他跌倒而是他使自己保持平衡的能力，哪怕只保持一会儿的平衡。

正如在孩子学走路时发生的这些事故一样，我们在每天的生活中都会遇到各式各样的痛苦，这表明我们在知识方面、能力方面以及运用意志方面的不完善。但是假如这些只揭示出我们的弱点，我们就会因极端的沮丧而死去。当我们只选择在一个有限的区域内去观察我们的行动时，我们个别的失败和不幸就会在头脑中显得严重，但是我们的生命本能地使我们把眼界放宽，它给了我们一个完美的理想，不断带我们越过目前的界限。在我们内心有某种希望，它总是走在我们目前狭隘的经验前面；它是我们无限之中的永恒的信念；它永远不会把我们任何的无能当作一种永久的事实接受下来；它从不限制自己的活动范围；它敢于承认人与神的统一；而且它的狂热的梦想每天都在变为现实。

当我们的思想转向无限时，我们就看到了真理。真理的观念并不寓于狭隘的现在，也不寓于我们的直觉中，而是存在于整个意识中。这种意识使我们在已有的东西中体验到我们应有的那些东西。我们自觉或不自觉地在我们的生命中感觉到真理，它总是比它表现出来的更伟大，因为我们的生命是面向无限的，并且它是在运动中，因此它的愿望比它已达到的成就更加无限。当生命延续下去时，它会发现真理永远不会离开它，滞留在最后的荒漠上，而是把它带到一个更远的地方。恶不能完全阻止生命在光明大道上的进程，也不能掠夺它的财产，因为恶一定会消逝，它一定会演变成善，它不能停下来同万物挑战。如果最小的恶有可能无限期地在任何地方停留，它将下沉到深处并嵌入到实在的根部，但事实上人类并不真正地相信恶，正如他不相信小提琴的弦被有目的地制造出来，是为了奏出非常可怕的不和谐的音调一样。虽然通过统计资料能从数学上证明不和谐的概率远多于和谐的概率，而且有一个会拉小提琴的人就会有成千个不会拉的人，完美的可能性大于相反的实际。无疑，有人断言客观实在就是绝对的恶，但是人类永远不能把它们当真。无论在理智上还是在感情上，人类的悲观主义只不过是故作姿态，而生活本身是乐观的，它要不断地前进。悲观主义是精神狂醉的一种形式，它轻视有益于健康的食物，纵情于颓废的狂饮，并人为地制造低落情绪而渴望更强烈地饮酒。如果客观实在是一种恶，就无须哲学家再去证明。就好像当一个活生生的人一直站在你的面前，你却要证明这个人在自杀。这里，存在本身就证明了它不可能是一种恶。

不完美并不是一切都不完美，它的理想有完美性，但必须通过不断地亲证，因此通过虚假领悟真实是我们理智的机能，同时，知识就是不断地烧毁谬误而发出的真理之光，我们的意志，我们的性格，无论是在我们内心或是外表，或者兼而有之，必须通过不断地克服恶而达到完美。我们的肉体生命每时每刻都在消耗着身体的物质以维持生命之火；我们的精神生命也有它的燃料在燃烧。这一生命过程正在延续——我们了解它，我们感受到它，并且我们有一个信念：人性的趋向是从恶到善，任何相反的个别的事例都不能使其动摇，因为我们觉得善是人类本性的积极因素，所以在任何时代，任何地方，人类最有价值的东西就是他的善的观念。我们已经认识了善，我们已经爱上了善，我们把最高的崇敬给予那些在其生命中已经显示了善的人。

要问的问题是，什么是善？我们的道德本性意味着什么？我的回答是：当一个人开始对他真实的自我有了深刻的洞察时，当他领悟到他比他现在的样子更高大时，他就开始获得了他的道德本性的意识。于是他逐渐意识到他将来的情形，他未经历过的状态变得比他直接的经历更为真实。这时他的人生观必然发生变化，他的意志取代了他的欲望，因为意志是更伟大生命的最高希望。这伟大生命的大部分是我们目前不能达到的，它的目标大多数都不在我们眼前。接着，我们的渺小人格就同我们的伟大人格发生冲突；我们的欲望和我们的意志发生冲突；触动我们感官的对事物的欲望和我们内心的目标之间发生冲突。然后我们开始区别什么是我们一时的欲望，什么是善。因为善正是我们伟大的自我所期望的东西，因此善的观念来自我们对生命的较真实的观察，它是对整个生命领域的连续观察。它不仅考虑目前呈现于我们面前的东西，而且考虑那些没有的，或者在人类所及范围内永远也不会有的东西。有远见的人能感受到他目前尚未存在的那部分生命，而且对它的感受要比对他现有生命的感受更丰富，因此他准备牺牲自己的现在而倾向于未实现的将来。在这点上他变得伟大，因为他领悟了真理。即使是一个相当自私的人，也不得不承认这一真理，并且不得不约束他一时的冲动——换句话说，必须成为有道德的人。因为我们的道德能力是这样的能力：通过它我们懂得生命不是由碎片构成的、不是无意义的和不连续的。人类的这种道德观念不仅使他有能力认识到自我具有时间的连续性，而且也使他能够领悟到当他只局限于自己本身的自我之中时，他是不真实的，实质上他比实际的他更伟大。他确实属于不包括他自己个性的个

体，对此他甚至可能永远也不会了解。正像他会有一种对目前意识之外的未来自我的感受一样，他也会有一种对他的个性界限之外的更伟大的自我的感受。从某种程度上说，每一个人都具有这种感受，每一个人都曾为了他人而牺牲自己的私欲，每一个人都曾为了使他人快乐而忍受损失和烦恼，并因此而感到欢乐。人类并不是互相分离的生物，他具有整体的方面，这是一种真理，而且当他认识到这一点，他就会变得伟大。甚至最恶劣的自私者，当他寻找作恶的力量时，也不能不承认这一点，因为他不能无视真理而又强大有力。因此为了求助于真理，在某种程度上自私也不得不成为无私。一伙强盗为了结合在一起形成一个帮，必须讲义气，他们可能会抢劫整个世界，却不会互相掠夺。为了达到非道德的欲望，他们的某些手段必须是道德的。事实上，使我们作恶，为了我们自己的利益去剥削他人，去侵害别人正当权利的最有效的力量常常是我们最合乎道德的力量。动物的生活是无道德的，因为它只意识到目前的、直接的东西；一个人的生活可能是不道德的，但是这只意味着必须有一个道德的基础，不道德就是不完全的道德。正如虚假的东西在小范围内是真实的一样，或者它甚至不能是假的。不去看是盲目的，但是错误地去看只是以某种不完全的方式去看。人类的自私是看待某种联系，某种生活目的的开端，要按照它的命令行动，就需要自我克制和调整行为。一个自私的人为了自己会心甘情愿地忍受苦恼，他遭受困苦和贫穷毫无怨言，仅仅因为他知道从短暂的时间去看是痛苦与烦恼的东西，从长远的前景去看则正好相反，因此，渺小的人所失去的也正是伟大的人所得到的，反过来也是如此。

为理想，为祖国，为人性的善而生活的人，生命具有广阔的意义。对他来说，痛苦在某种程度上已成为次要的，过着善的生活就是过着完满的生活。享受是为了某个人的自我，而为善则与全人类长期的幸福相关联。从善的观点看，享乐与痛苦表现为不同的含义，也就是说，可以避开享乐去企求痛苦代替，死亡本身由于赋予生命一种更高的价值而受到欢迎。从人类生命这些更高的立场出发，从善的立场出发，享乐与痛苦已经失掉了它们绝对的价值，历史上的许多殉道者已证明了它，在我们每天的生活中都以我们微小的牺牲来证明它。当我们从海洋中取满一罐水时，它具有一定的重量，但是当我们潜入海水中，在我们头上流动着成千上万罐的水，但我们并没感到它有重量。我们不得不自己背起自我这个大罐子，当我们站在自私的立场上，享乐与痛苦都具有全部重量；然而站在道德的立场上，它们却是如此地轻，以至于我们看到有道德的人在经受千斤压顶的考验时坚忍不拔，在面对残酷的折磨时忍耐不屈，简直像是一个超人。

生活在完全的善中就是在无限中证悟了人生，这就是最全面、最深刻的人生观，也就是我们通过内在的道德力量所能具有的对整个人生的看法。佛陀的教义是要把这种道德力量修炼至最高程度，要懂得我们的行动范围不应束缚于狭小的自我领域内。这也是基督对天国的看法。当我们获得宇宙生命，也就是道德生命时，我们就会摆脱享乐与痛苦的束缚，我们的自我腾出的地方将充满从无限的爱中涌现出来的难以形容的欢乐。在这种状态中灵魂的活动升至最高的阶段。只是它的动力并非来自欲望而是在于灵魂自身的欢乐，这就是《薄伽梵歌》中的业瑜伽（Karma-yoga），它是通过无私善行的实践而与无限者的活动统一的途径。

当佛陀沉思使人类从痛苦的束缚中解脱的途径时，他已经达到了这种真理：即当人类通过把个别融合于普遍而获得最高的目标时，人类就从痛苦的束缚中解脱出来。让我们更充分地考虑这点。

有一次我的学生对我谈到他在一次暴风雨中的遭遇，诉说他一直被大自然呈现在他面前的这种巨大骚动的感觉所困扰，好像他自己还不如一小撮尘土。那时他已不是一个具有自己意志的人，对正在发生的事竟丝毫无能为力。

我说："如果认为我们的个性能使大自然偏离她的轨道，那么具有这种个性的人将遭受最多的痛苦。"

但是他坚持他的怀疑说："存在这种不能被忽略的事实，即感觉到我存在，这个'我'在我们中寻求一种对它来说是特有的联系。"

我回答说："'我'是与'非我'有一定联系的，因此在这两者中间我们必须有一个共同的媒介，而且我们必须绝对地肯定，这个媒介对'我'和'非我'都是一样的。"

这就是在这里需要反复陈述的东西，我们在头脑中必须保持我们的个性，通过它的本质推动我们去寻求普遍。如果我们的肉体企图吃掉自身的实体，那就只能死亡；如果我们的眼睛只能看到自己，那就失去了它的功能意义。

正像我们发现想象力愈强，完全是幻想的成分愈少，则与真理的一致愈多一样，我们也看到，我们的个性愈活跃，通向普遍的道路也就愈宽广。因为个性的伟大不在于它本身，而在于它的内容是普遍的。正如判断湖的深度不是通过坑体范围而是通过水的深度一样。

同样，我们的本性向往着实在，我们的个性并不会为它自己创造的幻想的宇宙而感到快乐，如果这是真的，那么这就最好不过地说明了，我们的意志只能按照事物的规律去办事，而不能随心所欲地对待它们。实在的坚定性有时违反我们的意志，并且常常给我们带来灾难，正像大地的坚硬常常会碰伤跌倒的正在学走路的孩子一样。不过正是这种碰伤孩子的坚硬也使孩子学会了走路。有一次，从桥下穿过，我的小船的桅杆撞在一根桥梁上，如果桅杆只稍微弯一二英寸，或者桥像一只打呵欠的猫一样弓起它的背，或者河水稍退低一点，这全都会对我有利。但是它们并不理会我的窘境。这就是为什么我利用河流，借助桅杆扬帆起航，也就是为什么当河流不方便时我能依赖桥的根本原因。事物有它们的本来面目，如果我们愿意同它们打交道，我们就要了解它们。了解它们是可能的，因为我们的愿望并不是它们的法则。这种认识对我们来说是一种欢乐，因为它是我们与外在事物互相沟通的渠道之一，它使得事物变成我们自己的，因此扩大了我们自身的界限。

在每一步上我们都必须更多地考虑他人，而不是我们自己。因为只有在死亡时我们才是孤独的。一位诗人只有当他能使本人的思想为全人类带来欢乐时，他才是真正的诗人。但是如果他与他的读者之间没有共同的媒介，他就不能做到这一点。这种共同的语言有它自己的规律，这是诗人必须找到和遵循的，做到这些，他才能成为真正的诗人，并获得诗人的不朽性。

因此，我们看到人类的个性并不是他最高的真理，在人类内心存在的是普遍，如果他生活在一个只把自己的自我看成是唯一可考虑的因素的世界里，那么，可以想象这个世界对他来说将是最坏的牢狱，因为人类最大的欢乐是通过与万物更加密切的结合而成长得越来越伟大。这正如我们已经注意到的，万物如果不存在共同的规律，那将是不可能的事。只有通过发现规律并且遵循它，我们才能变得伟大，我们才能理解普遍。总之，只要我们个人的愿望与普遍的规律互相抵触，我们就会受苦，而且徒劳无益。

有一个时期，当我们为了特别的恩准而祈祷时，我们盼望着为了我们自己的方便而中止大自然的法则。但是现在我们更明白了，我们懂得不能把法则弃之不顾，有了这种认识，我们变得强有力了，因为这法则并不是和我们分离的东西，它是我们自己的。在普遍法则中表现出来的宇宙力量与我们自己的力量是统一的，当我们是渺小的时候，当我们违反事物潮流的时候，它总是抑制我们，然而当我们是伟大的时候，当我们与万物结合时，它总是帮助我们。这样，通过科学的帮助，当我们进一步懂得更多的自然规律时，我们就会获得力量，就会逐渐达到宇宙本体。我们的视觉器官，我们的运动器官，我们的体力就会遍及世界，蒸汽和电力将成为我们的神经和肌肉，于是我们发现正像贯穿于我们的肉体器官中存在着一种互相联系的原则一样（凭借这个原则我们才能把这个完整的身体称为我们自己的，并恰如其分地使用它）；贯穿在整个宇宙中也存在这种持续不断的联系原则，靠它我们才能说全部世界就是我们扩大了的身体，并相应地使用它。在这个科学的时代我们全部的努力是为了确立我们对自我世界的权利要求。我们知道，我们的一切贫困与痛苦都是由于我们不能实现这种合理的要求，事实上，我们的力量是不受限制的，因为我们没有置身于表现普遍法则的宇宙力量的范围之外。我们正在战胜疾病和死亡，克服痛苦与贫穷。因为通过科学知识，我们总是处于认识宇宙的物质方面的过程中，并且当我们取得进展时，我们发现痛苦、疾病和能力贫乏都不是绝对的，它只是需要调整我们个人的自我，使它们适应我们的普遍自我，普遍的自我是个体自我产生的原因。

我们的精神生活与此相同，当我们之中的个别人触犯了宇宙之人的合法统治时，我们在道德上变得渺小，我们必须受苦，在这种情况下我们的成功就是我们最大的失败，我们欲望的满足给我们带来更大的贫困。我们为自己追逐特殊的利益，我们要求享受别人不得分享的特权，但是任何绝对特殊的事物必定与一般的事情保持不断的竞争，处于这种内战状态，人类总是生活在各种阻碍之中，并且在任何自私的文明中，我们的家庭都不是真正的家庭，而是围困我们的人为障碍。然而，我们还抱怨，我们没有快乐，好像在事物的本性中有某些固有的东西使得我们不幸。宇宙精神正准备给我们戴上幸福的桂冠，但是我们个人的精神却不接受它。任何地方的争斗和纠纷都是由于我们这个自我的生命引起的，它打乱了社会正常的均衡，引起各种各样的痛苦不幸，它把许多事情带到这样的狭路上，为了维持秩序，我们不得不建立人为的高压统治和专制的组织形式，容忍我们当中存在地狱制度，由此而使人类时刻遭受屈辱。

我们已经看到，为了变得强有力我们不得不顺从宇宙力量的法则，并且在实践中领悟这些法则就是我们自己的；同样，为了幸福我们不得不使个人的意志服从普遍意志的统治，并在实际上感受到它就是我们自己的意志。当我们的有限与无限达到完全的协调状态时，痛苦本身就成为宝贵的财产，它成为用来量度我们快乐的真正价值的标尺。

人类从自己的生活中能够得到的重要教训不是世界上有痛苦，而是依靠人类自己的力量将痛苦转变为善的价值，即把痛苦转变为欢乐是完全可能的。这个教训我们没有完全忘掉，没有一个活着的人情愿被剥夺自己受苦的权利，因为那是他作为一个人的权利。一天，一个贫穷的工人妻子向我悲痛地诉说，她的大儿子一年中总有一部分时间被送到有钱的亲戚家去，这里暗含着一种善良的愿望，她试图从受到打击而引起的烦恼中解脱出来，因为一位母亲的烦恼是出于母亲本身具有不可剥夺的爱的权利，她不愿受任何权宜之计的支配而放弃这种权利。人类现有的自由永远摆脱不了烦恼，但是办了人类的善而忍苦耐劳，化苦为乐，这就是自由。当我们领悟到我们个人的自我并不是我们生命的最高意义，在我们内心存在着不朽的“世界人”，他不害怕死亡和痛苦，他把痛苦仅仅看作是欢乐的另一面，只有在这时我们才能得到这种自由。已经领悟这些道德的人就会懂得痛苦正如不完善的生命一样也是我们实在的财富，它使我们伟大，并使我们无愧于完善之位；他知道我们不是乞丐；懂得在我们的生命中为了每一件有价值的东西，为了我们的权力，我们的智慧，我们的爱，都必须付出这枚痛苦的硬币；懂得这痛苦象征着无限完美的可能性，象征着永恒欢乐的呈

现;失去全部欢乐的人在遭受痛苦时,就会一步一步陷入贫困和堕落的深渊。只有当我们为了自我满足去祈求痛苦的帮助时,她才会变恶,会因为她所受的侮辱而施行报复,把我们抛入悲惨痛苦之中,因为她是奉献给不朽完美者的贞洁处女,当她在无限者的祭坛前取得她的真正的位置时,她就会抛弃黑暗的恶,并在观众面前露出显示最高欢乐的面容。

四　自我的问题

从我的存在的一个极端看，我与石头、木块是一致的，在这点上，我必须承认普遍法则的作用，那是我赖以生存的深潜在下面的根本基础。潜在于我的存在中的这种力量牢牢地被束缚在整个世界的包围中，束缚在和万物完全的同一中。

然而，从我的存在的另一个极端看，我与万物是分离的，在这点上，我已突破平等的分界线，并且只作为一个单独的个体而存在，我绝对是独一无二的，我就是"我"，"我"是无双的。宇宙的全部重量不能压倒我的这种个性，尽管有万物的巨大万有引力，我仍然保持我的个性。这种个性在外观上是渺小的，而在实际上是伟大的，因为它坚持抵制使它自己丧失特性、并使它与尘土等同的力量。

这就是从模糊的黑暗深渊的基础上升起而呈现出来的自我的上层建筑，它以孤立为荣，以在设计者的头脑中所形成的唯一的个体思想为荣，这种思想在整个宇宙中绝不会重复。如果这种个性被破坏，那么，尽管没有失去任何物质，没有破坏一个原子，但是体现在其中的创造的欢乐却失去了。如果我们被剥夺这种特性，我们就是完全的破产者，这种个性是我们能称其为属于我们自己的唯一东西，如果失去它也是整个世界的损失，它是最宝贵的，因为它不是普遍的。因此，只有通过它我们才能得到更真实的宇宙，比躺在宇宙的怀抱中意识不到我们的特性时得到的更真实。宇宙总是在单一中去寻求它的终结。我们要保持我们的个性完整无损的愿望，实际上正是我们内心普遍行动的愿望，正是寓于我们内心的无限者的欢乐给我们带来的欢乐。

自我的这种独立性被人类视为他的最宝贵的财富，这已由人类所经历的各种苦难和为了它所犯下的种种罪恶所证实。独立的意识是由于吃了智慧之果，它曾把人引向耻辱、罪恶和死亡。但它对于人类仍比任何乐园都可爱，在那种乐园里，自我安然沉睡在完全无害的大自然母亲的腹中。

对我们来说，保持这种自我的独立乃是一种持续的奋斗和痛苦，事实上，这种痛苦正能衡量我们这种自我的价值，这价值的一个方面就是牺牲，表示已经付出了多大代价；它的另一个方面是获得，表示已经取得了多大的成就。如果自我对我们只意味着痛苦与牺牲，那么，它对我们就没有任何价值，我们也不会心甘情愿地为经受这种牺牲而付出代价，在这种情况下，毫无疑问，人性的最高目标只能是自我的绝灭。

但是如果存在一种相应的获得，如果自我不以空虚而以充实为归宿，那么，显而易见，自我的消极性，自我的真正痛苦和牺牲，这一切会变得更加宝贵。已经领悟到自我的积极意义，已经热情地承担了职责，同时毫无畏惧地经受牺牲的人们，已经对此作出证明。

有一次，我的一位读者问我：“印度人是否认为自我的绝灭是人性的最高目标？”用前面阐述的观点来回答这个问题对我来说是容易的。

首先我们必须记住这个事实，除非是最平常的事，人们绝不是在字面上表达他的思想，通常人类的词汇不是一种语言，而仅仅是哑人表达语言的手势，它们可以暗示，却不能表达他的思想。他的思想越活跃，他的用词越需要由他的生活处境去阐明。那些只是借助辞典去理解他的意思的人们，他们只是表面上到了家，因为他们停留在墙外没有找到内室的入口。这就是为什么我们最伟大的先知者们的教义会引起无穷无尽的争论的原因，因为我们只是按照他们的词句而不是通过我们自己生活中的实践去领悟他们的含义。苦于追求字面含义的头脑呆板的人们是不幸的，他们总是忙于结网而忘了捕鱼。

无我的思想不仅在佛教和印度的各种宗教中，而且在基督教中也被热烈地传播着，在基督教中死亡的信条曾被用来表达人类从不真实的生命中解脱的思想，这与涅槃是一样的，都象征着灯的熄灭。

印度典型的思想认为：人类真正的解脱是从无明（avidyā），即无知中解脱出来。这种解脱不是消灭任何积极与真实的东西，因为那是不可能的，而是消灭那些消极的、阻碍我们看到真理的东西。当这些无明的障碍物被清除时，只是张开了眼睑而无损于眼睛。

正是我们的无知使我们相信我们的自我作为自我是真实的，自我本身具有完全的意义。当我们持有这种错误的自我观时，我们就会把自我作为生命的最终目标，力图以这种方式而生活，那时我们就像紧抓住路上的尘土而试图达到他的最终目标的人一样，注定会失望。我们的自我从来无意于抓住我们不放，因为自我的本性是不断前进。由于我们被这种由生活的织机而纺成的自我的线所缠住，因此我们不能使它服务于把它织成布的目的。当一个人精心地关注与安排自我的享乐时，他像是点燃了火，但却没有生面团可用来做他的面包，这火突然烧起来，直到烧光熄灭。就像一头怪兽吃掉自己的子孙而死亡。

在一种陌生的语言中，词汇专横地突出来，它默默无语，却使我们望而止步，要想从这些词的桎梏中解放出来，我们必须摆脱自己的无明，即我们的无知，然后我们的头脑就会在内在的思想中找到它的自由。但它如果认为我们语言上的无知只要通过突破单词就会消除，这将是愚蠢的。不！当完美的知识出现时，每一个单词都留在原来的位置上，只是它们自己不再束缚我们，而是让我们通过它们并把我们引向解脱了的思想。

因此，正是由于无明才使自我成为我们的桎梏，因为它使我们确信自我本身就是目的，因为它妨碍我们认清自我就包含超越它本身局限的观念。这就是为什么智者出来说“使你们自己摆脱无明；领悟你们真正的灵魂；从囚禁你们的自我的控制下解脱出来”的原因。

当我们达到我们最真实的本性时，我们就获得了自由。当一位艺术家找到他的艺术思想时，他就找到了艺术的自由，那时，他就从试图模仿的艰苦努力中解脱出来，摆脱了世俗赞许的刺激。宗教的职能不是去消灭我们的本性，而是去实现它。

梵文 Dharma（音译“达磨”，意译“法”），在英文中通常译为“宗教”，而在印度的语言中却有更深刻的含义。“法”是万物最内在的本性，即本质，绝对的真理。“法”是我们行动的最终目标。当做了任何错事时，我们说违背了法，这意味着我们真正的本性被假象蒙蔽了。

但是法不是表面上的而是我们内在的真理，因为它是固有的。甚至，曾经有人认为恶是人类的本性，只有通过神的特殊恩赐才能使个别人得到拯救。这就好比说，种子的本性是包在壳里，只有通过某些特殊的奇迹，它才能长成树。但是我们难道不知道种子的外观与它真正的本性是矛盾的吗？当你让种子接受化学分析时，你可以发现在种子中包含着碳、蛋白质和许多其他的东西，而没有分出树的理念。只有当树开始形成的时候，你才能看到它的法，那时你才能肯定无疑地说，种子被消耗，在地里烂掉，它已经通过它的法，完成了它的真正的本性。在人类的历史中，我们知道我们生命的种子在发芽，我们已经看到，我们伟大的目标，在我们最伟大的人们的生活中正在形成，并已确实感觉到，尽管在为数众多的个人生活中似乎还未见成效，但这并不是他们的法尚未起作用，而是种子正在冲破它的外壳，使其本身转化为朝气蓬勃的心灵上的嫩芽，在阳光和空气的哺育下，向四面八方伸出枝杈。

种子的自由在于达到它的法、它注定要成为一棵树的本性和命运。它的监牢就是没有完成这一过程。使某种事物达到它的最终目的所做的牺牲并不是以死亡为终结的牺牲，它是舍弃束缚而赢得的自由。

当我们认识到一个人所具有的自由的最高理想时，我们就认识了他的法，他的本性的实质，他的自我的真实含义。乍一看，人类似乎把他借以获得无限的自我满足和自我扩张的机会的东西认作自由。但是，无疑地，这并没有被历史所证实。我们的启示者永远是那些过着自我牺牲生活的人。人类比较高级的本性总是在寻求某些超越自身而又是最深刻的真理的东西，要求牺牲一切而又使这种牺牲给他以补偿，这就是人类的法，人类的宗教。而人类的自我就是把这种牺牲奉献给祭坛的器皿。

我们能观察到自我的两个不同的方面，即炫耀它本身的自我和超越它本身并由此而展现其固有意义的自我。为了炫耀自己它试图变得强大，试图站立在它积累的基座上，为自己保留一切东西；为了展现它自己，它放弃他所有的一切东西，这样就变得完美，如同从蓓蕾中绽开的花朵，从美丽的酒杯中倾注出它的全部甘泉。

灯里有油，它被安全地放在封闭的油瓶内，点滴不漏，这样，它就与周围所有的东西隔开并且是吝啬的。但是当灯点亮时就会立刻发现它的意义，它与远近一切东西都建立了关系，它为燃烧的火焰慷慨地奉献出自己储存的油。

这样一盏灯就是我们的自我，只要它把储藏的财富保留在自我的黑暗中，它的行为就和它真正的目标相矛盾。当自我找到了光明时，它就会立刻忘记自己并贡献出它所有的东西，从而放出更强的光，因为那时就是自我的显现。这种显现就是佛陀宣讲的自由，他曾要求灯燃尽它的油。但是无目的的舍弃，仍然会陷入毫无意义的更加黑暗的贫困状态。为了发光灯必须舍弃它的油，才能使它的储藏物达到目的，这就是解脱。佛陀指引的道路不仅是自我否定的实践，而且是爱的弘扬，这就是富于佛陀教义中的真正含义。

当我们从佛陀的布道中发觉只有通过爱才能达到涅槃的境界时，那么我们一定会领悟到涅槃是爱的终极，因为爱是以自身为目的。其他任何事物在我们头脑中都会提出“为什么”的问题，我们也都需要给它找出一个理由。但是，当我们说“我爱”时，则无须回答“为什么”，爱本身就是最终的回答。

无疑地，甚至自私也会迫使一个人牺牲，但是自私者的牺牲是被迫去做的，正像摘取尚未成熟的果子，你把它从树上揪下来还会碰坏了树枝。但是当一个人出于爱时，对他来说给予就成为一种欢乐的事情，正像果树献出成熟的果子。由于不断地被自私的欲望所引诱，我们的所有财产成了沉重的包袱；我们不能轻易地把它们从我们身上甩掉，它们似乎本来就属于我们的本性，粘在我们身上像是第二层皮，撕掉它们我们就会流血。可是当我们被爱所占有时，它的力量则以相反的方向运动，紧紧地黏附在我们身上的东西就会失掉它们的黏性和重量，于是我们发觉它们原不是属于我们的。我们发现舍弃它们绝不是一种损失，而是我们本性的实现。

这样，我们在完美的爱中找到了我们的自我的自由。只有为了爱而做事时才是自由的，尽管它会带来许多痛苦。因此，为了爱而工作在行动上是自由的，这正是《薄伽梵歌》所教导的要无私地工作的含义。

《薄伽梵歌》说明，我们必须行动，因为只有在行动中我们所做的一切才表现了我们的本性。但是只要我们的行动是不自由的，这种表现就是不完美的。事实上，我们的本性由于在欲望或恐怖的强迫下而工作已经变得模糊不清了。母亲是在哺育她的孩子中表现她的本性，同样，我们真正的自由不是脱离行动的自由，而是在行动中的自由，这种自由只能在爱的行为中获得。

神的显现是在神的创造活动中。奥义书说：“智慧、力量和行动都是神的本性。”(《白骡奥义书》Ⅵ,8)它们不是从外面强加给神的,因此神的工作是他的自由。同时在他的创造中,他实现了自身。奥义书在其他地方用别的词句也表达过同样的思想:“从喜中涌现出全宇宙,以喜来维护,向喜前进,最终归入喜。”(《泰迪黎耶奥义书》Ⅲ,6,1)这意味着神的创造没有任何必然的根源,它来自神的无限之喜,创造就是神的爱,因此,创造就是神自身的展现。

艺术家的艺术理念成熟时,有一种欢乐,他把它具体化,并且由于与它保持距离,从而能更充分地得到它。这是使我们的自我与我们分离的欢乐。为了使它比我们自己更完美,于是在爱的创造中赋予它形式。为此就必须有这种分离,不是排斥的分离而是爱的分离。排斥只有一种因素,即分离的因素。而爱有两种因素:分离的因素,这只是一种表象;联合的因素,这才是最终的真理。这正如当父亲抱着儿子往上扔时,看起来是抛弃,但事实则完全相反。

所以,我们必须懂得自我的意义并不是建立在它与神及他人的分离上,而是建立在不断联合(yoga)的实现中。不是在画布的空白面而是在绘有图画的一面。

这就是为什么我们的哲学家曾经把孤立的自我描述为摩耶(Māyā)、一种幻觉的原因,因为它没有自己内在的真实性。它看上去是可怕的;它把这种孤立提到令人眩晕的高度,并且在现实的美丽面孔上投射下黑影;在外表上它呈现出突然破裂、骚乱和毁坏的样子;它骄傲、专横和任性;它准备抢劫全世界的财富以满足它一时的欲望;它用无情的、残酷的手从美丽的神鸟身上拔下所有的羽毛用以装扮自己,掩盖它的丑陋;的确,人类有这样的传说,在他的前额上永远打着带有不驯服的黑色印记；但是这一切仍然都是幻，是无明的包围；是雾，不是太阳，是预兆爱火的黑烟。

设想一些野蛮人由于无知认为纸币的票据有一种魔力，依靠这种魔力，持有纸币的人就能得到他所需要的一切。于是他收集许多票据，将它们储藏起来，用各种荒唐的办法对待它们，最后他厌倦了这种努力，得出可悲的结论，即这些票据毫无价值，只适合去引火。但是聪明人知道纸币的票据全是幻，在交给银行以前它们是无效的。只是由于无明，我们的无知，使我们相信我们孤立的自我与纸币的票据一样，其本身是宝贵的。按照这种信念去行动，我们的自我就会变得毫无价值。只有当消除无明时，我们真正的自我才会带着无价之宝来到我们这里，因为他以承受欢乐的永恒姿态表现了他的自我。这些姿态是从神中分离出来的，它们所以有价值，只是因为神的欢乐已经注入其中。当我们将这些姿态归入最初的欢乐（喜），也就是爱时，那时，我们就在银行把它们兑换成现款，并发现它们是真的。

当纯粹需求驱使人们去工作时，这种工作带有意外和偶然的特征，它成为仅仅是暂时的安排；当需求方向改变时，工作就会被放弃并任其毁坏。但是当人类的工作出于欢乐时，它采取的形式就会获得不朽性的因素。在人类当中不朽的人将他自己永恒性的品质带到他的工作中。

我们的自我，作为神的欢乐的一种形式，是不灭的，因为神的欢乐是常住的（amritam），永恒的。这种永恒性也存在于我们人类之中，它使我们对死亡产生怀疑，甚至当死亡成为事实不容怀疑时。当这种矛盾在我们身上得到调和时，我们就达到了在生死二元中存在和谐的真理。我们认识到这种灵魂的生命，它的表现是有限的，而它的本性是无限的。在它的历程中必须通过死亡之门才能实现这种无限。死亡是一元性的，其中不存在生命。但是生命是二元性的，它既有真实性又有幻象；死亡就是那种幻象，那种幻(māyā)，它伴随生命不可分离。我们的自我要活着，必须通过不断地变化和成长的形态，可以把这种情况称为不断地死和不断地生在同时间内的连续进行。当我们拒绝接受死亡时；当我们希望赋予自我以某些固定不变的形式时；当自我感觉到没有促使它抛弃自己的推动力时；当它把它的极限当成是终结并照此行动时，实际上是在招致死亡。因此，我们的导师号召消灭这种死亡，不是寂灭而是永生。它是在晨曦中熄灭的灯，不是太阳的熄灭，实际上是要求我们有意识地去实现在我们本性中深藏的愿望。

在我们的生命中存在两种不同倾向的欲求，我们将尽力去调和这两种倾向。在我们肉体领域的本性中，存在一种我们始终是有意识的方面，我们希望得到食物与饮酒的快乐，我们追求肉体的享受与舒适，这些欲望都是以自我为中心，它们只关心各自的冲动，我们的口欲常常违背了我们胃的能量。

但是我们还有另一种倾向，那就是我们的肉体作为一个整体的欲求，通常我们意识不到它。它是健康的愿望，这是它经常在做的工作：经常改善和修复，在意外情况下进行新的调整，并且无论在什么地方受到扰乱时，熟练地使其恢复平衡。它与满足我们肉体的直接的欲望无关，而是超出了现时的要求。它是我们整个肉体的本性，它把我们生命与它的过去和未来连接起来，并使它的各个部分保持一致。聪明的人了解它，并使他的其他肉体欲望与这种整体欲望和谐一致。

我们还有一种更大的身体，就是社会集体。社会是一个有机体，我们作为这个有机体的各个部分有我们各自的愿望，我们要求有自己的享受和放纵，我们要求比其他任何人少支付多获得，这就是发生争夺与战争的原因。但是我们还有另外的愿望，那就是要求在社会实体的深层去工作，它是为了社会幸福的愿望，超越个人和现时的限制，它站在无限这一边。

聪明的人试图将追求自我满足的愿望同为了社会美好的愿望调和一致，只有这样他才能亲证他的更高的自我。

自我的有限方面是他孤立的意识，当它试图比其他所有的人更加优越时，它是无情的。但是在自我的无限方面，它的愿望是获得使它完美的和谐，而不是自我的膨胀。

我们肉体本性的解放在于获得健康，我们社会存在的解放在于达到善，我们自我的解脱在于达到爱。这最后一点正是佛陀所说的寂灭（即私欲的绝灭），这就是爱的作用，爱不会导致黑暗，而是导致光明，这就是达到了菩提（bodhi，觉），或者说是真正的觉悟，它是在爱的光辉照耀下，我们内心中呈现的无限喜悦。

我们自我的转化通过其独立的个性而达到灵魂的和谐。这种和谐绝不能通过强迫达到，所以在我们意识成长的过程中，必须通过独立和反抗而达到最终的实现。在我们达到爱这种积极的自由之前，必然会有消极的自由形式的可能性，这种形式是放纵的。

这种消极的自由，任性的自由，可能与最高的自我实现背道而驰，但却不能完全逃离最高的自我，否则它就将失去其本身的含义。我们的任性曾使自由达到一定程度，它能知道离开正道多远，但是它不能无限期地朝那个方向继续前进，因为在我们消极的方面，我们是有限的。我们不协调的生涯中的邪恶行径必然会结束，因为恶不是无限的，不调和本身也不是一个目的。我们的意志具有自由是为了可以找到通向善和爱的真正道路，因为善和爱都是无限的，只有在无限之中才有完全实现自由的可能。因此我们的意志能够成为自由的，不是走向对自我的限制，不是达到幻和否定，而是通向无限，那里有真和爱。我们的自由不能违反它自己的自由原则而仍然是自由的，它不可能已经自杀了而仍然活着。我们不能说我们应该以无限制的自由束缚我们自己，因为这种束缚会扼杀自由。

所以，在我们意志的自由中，我们同样有幻象与真实的二重性——我们的任性只是自由的幻象，而爱才是真实。当我们试图使这种幻象独立于真实之外时，我们的尝试会带来痛苦并最终证明这是徒劳的。任何事物都有这种幻与真、幻象与真实的二重性。就它们仅仅是声音并且是有限的而言，语言是幻；就它们是思想并且是无限的而言，语言也是真。我们的自我是幻，就它仅仅是个人的并且是有限的、它认为分离是绝对的而言；我们的自我也是真，就它承认自我的本质在于普遍与无限、在于最高我（Paramātman）而言。这就是基督所说的“还没有亚伯拉罕，就有了我”的含义所在（见《约翰福音》Ⅷ，58），这就是通过我内心的“我存在”说明永恒的“我存在”。当个别的“我存在”在无限的“我存在”中，实现了和谐的自由时，它就达到了完美的终结。那时，我们的自我就得到解脱，从幻的奴役中解脱出来，从无明（avidyā），即无知所产生的幻象中解脱出来，在真的绝对恬静中，在善的美满行动中，在爱的完

全结合中获得解脱。

不仅在我们的自我中，而且在大自然中也存在这种与神的分离。这种分离曾经被我们的哲学家描述为幻，因为分离本身并不存在，它并没有从外部限制神的无限，是神自己的意志约束自己。正像棋手考虑棋子的移动时，要控制自己的意志一样，棋手乐意接受同各个棋子的确定联系，通过这种严格的限制而实现他的能力的欢乐。并不是棋手不能任意移动棋子，但是假如他那样做就玩不成棋了。如果神擅自承担他的全能统治，那么他的创造就结束了，他的力量也就失去了全部意义，因为只有在界限内行动，力量才成其为力量，神的水必定是水，他的地只能是地，绝不能是其他什么东西，形成水和地的法则就是神自己的法则，按照这个法则他把棋手和棋分开，因为此中有棋手的欢乐。

正像受法则制约的大自然是从神中分离出来的一样，受利己主义制约的自我也是从神中分离出来的。神情愿将这种限制置于他自己的意志中，并且已经赐予我们统治我们自己的这个狭小世界的权力。这就好像一位父亲给他儿子一定的费用，在这个范围内儿子可以自由地做他想做的事。虽然这部分财产是属于父亲的，但他把它从自己意志的支配下解脱出来。其原因是，父亲的意志是爱的意志，因此是自由的，只有在与别人的自由意志结合时才有欢乐。拥有奴隶的暴君，一定会把奴隶看成是实现自己意志的工具，这是满足自己需要的意识，这种意识使得暴君扑灭了奴隶们的意志，而使他自己的利益绝对地安全，这种自私的利益不能容忍他人有起码的自由，因为它本身就不是自由的。暴君实际上要依赖他的奴隶，因此他迫使奴隶们服从他自己的意志，企图充分地役使他们。但一位情人为了实现他的爱必须有两种意志，因为爱的完美在于和谐，是自由与自由之间的和谐。从神的爱中，我们的自我获得其形式，神的爱又使自我与神分离，正是神的爱，重新建立起和谐，并通过分离把神与我们的自我联结起来。这就是为什么我们的自我不得不进行无止境的更新的原因，因为在分离的情况下，自我永远不能前进，分离是有限，在那里，自我一再遇到阻碍它回归无限之源的障碍，我们的自我为了实现不朽的青春，它不停地送走年华，在忘却和死亡中再三地摆脱它的限制，它的个性必然反复地消融在普遍中。事实上每时每刻它一直在更新它个人的生活。自我在每一步上都必须追从永恒的韵律，触及这根本的统一，这样，就能在美与力上保持它均衡的分离。

我们无论在任何地方都能看到生与死的游戏——这种旧的转化为新的变化。每天早晨白昼向我们走来，光洁、白净像花儿一样新鲜。但是我们知道它是古老的，它有自己的年龄。正是在那个非常远古的一天，在它的怀抱中接受了新生的地球，用它洁白的光的罩衣覆盖大地，并在群星中把它送上朝圣的旅程。

白昼的双脚依然不知疲倦，它的双眼也没有失去光泽，它带着永生不老的金色护身符，在它的触摸下万物前额上的全部皱纹都消失了，在世界心脏的核心耸立着不朽的青春。死亡与腐朽在它的脸上投下瞬间的阴影，它们没有留下足迹——真实却保持了新鲜与青春。

我们地球上古老而又古老的白天，每天早晨一次又一次地诞生，反复回到它的音乐开始的叠句。如果一天的行程是一条无限的直线，如果它投入无底的黑暗中没有很大的休止，在生命的无穷开端中不曾有反复的再生，那么白天就将逐渐地被尘土弄污而掩埋了真实，并将不停地扩展出去，在它沉重的压迫下使整个大地感到疼痛，那时每一刻都将留下疲劳的重担，衰老将在它的永远肮脏的宝座上掌握最高的支配权。

但是每天早晨白昼又会在盛开的鲜花中再生，重述同样的信息，重复同样的论断：死亡永远地死了，喧闹的波涛是表面的，深不可测的是平静的大海。夜的帷幕被拉到一边，真实浮现出来，在它的外衣上没有一点尘埃，在它的脸上没有年龄的皱纹。

我们看到在万物之前的他和今天的他一样，从他的歌声中唱出的创造之歌的每一个曲调都是新鲜的。宇宙不仅是回荡在天空中的回声，犹如一个无家可归的流浪汉，——这支古老的歌的回声曾一度在万物朦胧的开端响起，然后又孤单地消失。它每时每刻都发自主人的内心，它是主人呼吸中的气息。

那就是为什么它布满天空犹如一种思想在诗中形成而从不曾被它自己积累的重荷打碎的原因。因此，令人惊异的无穷无尽的变化，无法解释的事物的出现，个人不断前进的行列，所有这些在宇宙中都是无与伦比的，最后同最初一样，开始永远不会终结——世界永远是古老的也永远是崭新的。

我们的自我懂得，它的生命每时每刻都必须重新再生，它必须突破把它包在硬壳里、使它显得衰老并承担死亡的重负的一切幻觉。

生命是不朽的青春，它憎恨试图阻拦它运动的岁月，——实际上岁月并不属于生命，而是跟随生命，如影随灯。

我们的生命像一条河，它拍击河岸并不觉得被河岸所封闭，而是每时每刻都重新认识到它不停地奔向海洋。这正像一首诗，在每一节上都得押韵，但诗却没有被刻板的韵律规则所钳制，而是时刻都表现出诗的和谐的内在自由。

我们个性的界墙，一方面把我们推回到我们的界限之内；另一方面又把我们带到无限。只有当我们试图使这些界限成为无限制的时候，我们才会陷入某种不能忍受的矛盾中并导致悲惨的失败。

这就是导致人类历史上伟大变革的原因。每当蔑视整体的部分试图跑向一条分离的自我道路时，这整体巨大的牵引力就会猛烈地扭转它，使它突然停止，并把它粉碎。任何时候个人试图阻挡川流不息的世界力量的潮流，把它限制在个人特定使用的范围内，它就会带来灾难。一个国王不管能有多么强大的力量，他都不能竖起反抗的旗帜来对抗无限的力的源泉，这个源泉是统一的并保持着强大的力量。

摩奴曾经说过："用邪恶的手段，人们可以获得成功，达到他们的欲望，打败他们的敌人。但是最终他们会被砍断根基而遭受灭顶之灾。"如果我们要获得伟大的人格，我们的根必须深深地扎到普遍之中。

我们的自我所探求的最终目标是统一。它必须以爱和谦虚的态度低下头，站在伟大和渺小交汇的地方。自我必须通过舍弃而获得，通过降伏而兴起。对于孩子来说，如果不能回到母亲怀抱，他的游戏将是一场恐怖；同样，我们如果不能在爱中舍弃个人的孤傲，那么我们的骄傲将是一种灾祸。我们必须懂得只有我们心中显现的无限，才是无穷的新和永恒的美，并赋予我们的自我唯一的意义。

五　在爱中亲证

我们现在来谈无限与有限、最高存在和我们的灵魂共存的永恒问题。在存在的根基上有着异常的自相矛盾的东西，我们绝不能回避它，因为我们永远不能站在问题的外边把它与任何其他可能的抉择相对比来衡量。但是问题只是在逻辑上存在，在现实中它完全没有给我们提出任何困难。从逻辑上讲两点之间的距离无论多么接近，都可以被说成是无限的，因为它是无限可分的。然而我们在每一步上确实都越过了无限，在每一秒内都与永恒相会。因此我们某些哲学家说，没有有限这种事物，有限只是一种摩耶(Māyā，幻)，一种幻觉。真实的是无限，正是摩耶，非实在，引起了有限的幻象。但是"摩耶"这个词只是一个名称，它是无法解释的，它只是说这种幻象是与真实同时出现的真实的反面。但是两者又如何同时并存呢？这是不可理解的。

在梵文中我们有称之为 dvandva 的词，即宇宙中的对立系列，例如正极和负极，向心力和离心力，引力和斥力。这些也只不过是名称，它们没有解释，它们只是从不同方面说明世界在本质上是多组对立力量的调和，这些力量如同创造者的左、右手，在绝对和谐中进行活动，虽然是从相反的方向活动。

在我们两眼之间有一种和谐的结合，使它们动作一致。同样，在物质世界中，热与冷、光明与黑暗、运动与静止之间也有一种牢固的连续关系，正像钢琴的低音键和高音键之间的关系一样。这就是为什么在宇宙中这些对立没有带来混乱而是带来和谐的原因。如果宇宙只是一种紊乱，我们可以想象两种对立的因素就会各自试图压倒对方。然而宇宙不是处在专横和暂时的军法管制下，这里我们找不到能够胡作非为的力量，或者像一名逃亡的犯人无限期地继续走在荒无人烟的道路上，破坏了与周围环境的全部和谐。相反地，每一种力量在曲线中又回到了它的平衡。海浪升起时以一种表面上冷酷无情的竞争姿态各自达到自己的高度，但是只达到一定的位置，这样我们就懂得了海洋的极大平静完全与波涛有关，波涛必须全部以一种奇异、美妙的韵律复归于平静。

事实上这些波动和震荡，这些起伏，不是由于不同物体的无规则的骚动，它们是一种有节奏的舞蹈，节奏绝不能产生于偶然竞争的搏斗中，它的基本原则必须是统一而不是对立。

这种统一的原则就是所有秘密中的秘密。这种二重性的存在立即在我们头脑中提出一个问题，要求我们在统一中寻求它的答案。当我们最终发现这两者之间的关系时，由此明白它们在本质上是统一的，我们感到已经接近了真理，于是我们表达了最令人吃惊的全部自相矛盾的悖论，即一表现为多，幻象是真实的对立面又与真实有不可分割的联系。

很奇怪，当有些人在大自然的多样性中发现了和谐的规律时，却丧失了建立于我们全部欢喜基础上的神秘的感觉，似乎万有引力并不比苹果落下更神秘，好像生物从一个阶段进化到另一个阶段也不是比创造物的连续性更难以解释的事情。困难的是我们常常停留在这样一种规律上，好像它是我们探索的最终目的，而随后我们发现，它甚至没有开始解放我们的精神。它只是满足了我们的理智，由于它对我们的全部存在不具有魅力，它只会在我们内心削弱对无限的感觉。

一首伟大的诗，分析起来，只不过是一系列孤立的声音，通过连接这些外部声音的内在媒介而找出内在含义的读者，发现了它的固有的丝毫不能违背的完美规律，这是思想发展的规律，是音乐和形式的规律。

但是规律本身是一种局限，它只表明无论如何绝不能是别的。当一个人孤立地去探求因果关系时，他的思想为了逃避事实的强大压力而屈服于规律的压力。在学习一种语言时，当我们从纯粹的单词中发现其规律时，我们就会获得极大的收获，但是如果我们停留在这一点上，只关心这种语言结构的奇异，寻求它的表面变化的内在原因，我们就不能达到目的。——因为文法不是文学，韵律学不是诗。

当我们步入文学领域时，我们发现尽管它符合文法规则，然而它令人愉悦，它本身是自由的。诗的美被严格的规则所约束，但是美却超越了约束。规则是诗的翅膀，它们不是使它下坠，而是把它带向自由。诗的形式在于规律，而它的思想在于美。规则是走向自由的第一步，美是建立于规则基础上的完全的自由。美本身调和了它自身的内外界限，调和了规则和自由。

在宇宙这首诗中，韵律规则的发现；扩张与收缩、运动与中止的测定；形式和特征演变的探索；都是思想的真正成就，但是我们不能止步不前。这正像一个火车站，而站台并不是我们的家。只有到达最终真理的人才能领悟到整个宇宙是一种喜（欢乐）的创造。

这就引导我去思考，在人类的内心与大自然之间必然存在某种神秘的关系。自然在活跃的外部世界是一种样子，但在我们内心，在内在的世界又呈现出一种完全不同的画面。

举一个例子，如植物的花，不管它看上去是多么美好雅致，但它却被迫接受巨大的任务，它的色彩与形式都要适应它的任务，它必须结果，否则将破坏植物连续的生命，大地也将在不久之后变为沙漠。因此花的颜色和香味都是为了某种目的，花一旦通过蜜蜂授粉，它的果实成熟期一到，它就落下优美的花瓣，严峻的自然秩序迫使它舍弃甘美的芳香，它没有时间来夸耀自己的美丽，因为它过分地忙碌。从外部看必然性似乎只是自然界的一个要素，因为任何事物都要工作和运动，蓓蕾发育成花，花结成果，果变为种子，种子又长成新的植物等等，这种活动的链条会完整地连续下去。这里万一出现某种干扰或障碍，绝不会被认可，这种运动着的不幸事物将立即被当作废料而被扼杀，并且很快地走向死亡，迅速地消失掉。在自然界巨大的工作场所中，有无数部门从事着无穷无尽的工作，你在这里看到的美丽的花朵，色彩艳丽，气味芳香，像是一位花花公子。但是，实际上它并不像它的外表那样，而是一位在风吹日晒下辛勤工作的劳动者，它必须对它的工作提交一份明确的清单，他没有一点空闲去享受充满了欢乐的嬉戏。

但是当同一朵花映入人们的内心时，它的繁忙的实际景象就消失了，变成闲暇与休憩的真正象征。同一种事物在外部表现为无数活动的化身，而在内部却是美与和平的最完善的体现。

科学在这里告诫我们：是我们错了，花的目的除了外部所表现的东西外没有其他东西，我们认为带给我们的关于美丽和芳香的景象都是由于我们自己形成的，是没有根据的空想。

然而我们内心回答说，我们一点没错，在自然界花带着证明它有无限能力做好有益工作的介绍信；可是当它叩击我们的心扉时，却带来了完全不同的证明，美成为它唯一的合格证书。花在一个场所成为一名奴隶，而在另外一个场所却成为自由物。那么，我们将如何相信它的第一封介绍信而不相信这第二封呢？在牢不可破的因果关系的链条中，花已经获得了它的生命，这是确实无疑的，但是，那只是一种外表的真实，花的内在真实却是"一切事物都真正地产生于永恒之喜。"(《泰蒂利耶奥义书》Ⅲ，6，1)

因此，花不仅在自然界中起作用，还在人类头脑中发挥巨大作用。那是什么作用呢？在自然界中花所做的是一名奴仆的工作，它必须在规定的时间出场；但在人类内心它像是宇宙之王派来的使者。在《罗摩衍那》中，当悉达被迫离开她的丈夫，在十头魔王(Ravana，罗婆那)的黄金宫殿中痛哭自己的恶运时，一位使者来到面前，给她带来她心爱的丈夫罗摩本人的戒指，正是看到这只指环使悉达确信使者所带来的消息是真实的，这时，她立刻放心了，这位使者确实是从她心爱的人那里来的，他没有忘记她，并且即将来搭救她。

这位使者就是从我们伟大的爱人那里来的花，我们被华丽和世俗的炫耀所包围，那多半像是十头魔王的黄金城，当世俗成功的傲慢思想试图引诱我们，要求我们做它的新娘时，我们仍旧过着流放的生活，此时，花从彼岸带着信息来了，它在我们耳边低语："我来了，他派我来的，我是美的使者，其灵魂是爱的祝福。这座孤岛已由他架起了桥梁，他没有忘记你，甚至现在就要来拯救你，他将把你带到他那里，使你成为他自己的，这种幻想将不会永远使你受奴役。”

如果我们正好被唤醒了，就会问他：“怎么能知道你确实是从他那里来的呢？”这位使者会说：“瞧！我有从他那里带来的这只戒指，它的色泽多么可爱迷人啊！”

啊！无可怀疑，这确实是他的——这是我们的结婚戒指。现在除此之外一切都已忘记，只有这永恒爱的接触的甜美象征，使我们充满了深情的渴望，我们意识到我们所在的这个黄金宫殿对于我们来说毫不相干——我们获得拯救是在宫殿之外——在那里，我们的爱才结果，我们的生命才完满。

在自然界中蜜蜂只知道色与香，以及显示出花蜜的踪迹的标记或地点。而对于人类的内心来说，美与喜是不受需求限制的，它们给心灵带来了用五彩墨水书写的情书。

因此，我告诉你，我们的行为本性在外表上无论多么繁忙，在她的内心却有个密室，在那里她来去自由，不受任何企图的牵制，所以她工作室内的火焰成为节日宴会上的灯光，她工厂中的噪音听起来如同音乐。在大自然中外界的因果链条发出沉重的声音，而在人类的内心它的纯净的欢乐似乎正在回响，犹如竖琴优美的弦音。

自然界在同一时间具有如此相反的两个方面，一方面存在奴役状态；另一方面存在自由，这似乎实在令人惊异。在同样的形式、声音、色彩和味道中听到两个相反的调子：一个是需求；另一个是欢乐。外部的自然界在无尽无休地繁忙；她的内心却是完全的宁静与平和。一方面她在辛苦工作，而另一方面又很悠闲。当你从外部看她时，你只看到她被束缚，然而在她的内心却有无限的美丽。

我们的先知说：“万物从喜生，依喜而养育，向喜而前进，最终归入喜。”

并不是说他无视法则，或他对无限欢乐的期待出自因沉湎于抽象思维而引起的陶醉中。他完全承认自然界的不可抗拒的规律，他说：“火由于惧怕它（即它的法则）而燃烧，太阳由于惧怕它而照耀，风、云和死亡也由于惧怕它而恪尽职守。”这是铁律的统治，如有一点违犯随时都会受到惩罚。而诗人还在颂赞欢喜之歌：“万物从喜生，依喜而养育，向喜而前进，最终归入喜。”

“不朽者的存在显现在欢乐的形式中”（《蒙达迦奥义书》Ⅰ，Ⅱ，2，7）不朽者在宇宙中的显现是因为他对喜的满足。这种无限欢乐的本性是在法则形式中体现自己。欢乐（喜）没有形式，必须创造，必须将欢乐本身转变为形式。歌手的欢乐表现于歌唱的形式，诗人的欢乐则表现于诗的形式，人作为创造者的角色总是在创造形式，它们在他的无限的欢乐中产生。

爱是这种喜的别名，为了实现爱就必须在本质上具有二重性。当歌手有了灵感时，他就使自己分为二个，除了自身之外还有内在的他，也就是作为听者的另一个我，外在的听众仅仅是他的另一个自我的延伸。爱者要在被爱者身上去寻求他的另一个自我。正是欢乐为了越过障碍实现结合才制造了这种分离。

不朽者的欢乐已经使自身分为二个，我们的灵魂是他的所爱者，是他的另外自我。我们是分离的，但是如果这种分离是绝对的，那么，在这个世界上将存在绝对的痛苦和沉重的罪恶。那样，我们绝不能从虚假达到真实，绝不能希望从恶达到内心的纯洁；那时一切对立仍将保持，我们永远不能找到一种媒介使我们的差异能够不断趋向融合；那时我们将没有语言、没有理解、没有内心的交融，在生活中没有合作。但是，与此相反，我们发现分离的事物处于一种易变的状态，它们的个性总是在变化，它们相遇，彼此融合，直至科学转变为玄学（形而上学），物质失去界限，生命的定义变得越来越模糊不清。

是的，我们的个体灵魂已经从最高灵魂那里分离出来。但是这种分离并不是出于疏远，而是出于爱的充实。其理由是，因为虚假、痛苦与罪恶并不是静止不动的，人类的灵魂能抗拒它们，能克服它们，不仅如此，还能完全将它们改造成为新的力量和美。

歌手正在把他的歌转变为歌声，把他的欢乐转变为形式。听众又把歌声回复为原来的欢乐。此时，歌手和听众之间的互相交流完成了。同样，无限者的欢乐正表现为多种多样的形式，并使自身接受法则的约束，当我们从多重形式又回到欢乐，从法则回到爱，当我们解开有限的结又回到无限时，我们就实现了我们的使命。

人类的灵魂正在继续他的旅程，从法则到爱，从戒律到解脱，从道德阶段到精神阶段。佛陀曾宣讲过自我克制和道德生活的戒律，这是对法则的完全的接受。但是不能以这种法则的约束本身作为目的，我们要通过充分掌握它来获得超越法则的意义，也就是通过法则的有限形式来表现自己回归到梵，回到无限的爱。佛陀把它称为 Brahmavihāra，即生活在梵中的欢喜。希望到达这个阶段的人就要遵照佛陀的教导:“不欺骗人,不憎恨任何人,决不指望以瞋伤人。对众生要有无限爱,甚至像母亲对待她唯一的儿子一样,用自己的生命去保护他。她将把无边无碍、摆脱一切残忍与对抗的爱扩展到他的上下和周围的一切。在站、坐、行、卧直至睡眠时,他都将在这种普遍善意的修行中保持他的意念。”

爱的欠缺就是某种程度的无情,因为爱是完美的意识。我们没有爱是因为我们不能包容,或者更确切地说,因为我们不能包容,所以我们不爱。因为爱是我们周围一切事物的最终目的。爱不仅是感情,也是真理,是植根于万物中的喜,是从梵中放射出来的纯洁意识的白光。所以与一切有情合一的人既存在于外界天空也存在于我们内在的灵魂中,我们必须达到那种意识的顶点,那就是爱。“如果天空不是充满了欢喜,充满了爱,谁能呼吸或运动呢?”(《泰蒂利耶奥义书》Ⅱ,7,1)正是通过我们意识的升华而达到爱,并将它遍及到全世界,从而我们能获得梵中之喜,共享无限的欢乐。

在无数的礼物中,爱自愿地奉献出自己,但是如果通过它们我们没有得到奉献者所给予的爱,那么这些礼物就失去了它们最充分的意义。要做到那样我们必须在我们自己的心中富于爱。心中没有爱的人对其爱人所赠的礼物的评价只能根据它们的实用性,而效用是暂时的和部分的,它永远不能占据我们整个的生命。是否有用只是在我们有某种需要这点上触及到我们,当需要满足后,如果仍继续保留它,有用的东西就成为负担。在另一方面,当我们内心充满爱时,只要有一点象征性的纪念品就对我们具有永恒的价值,因为它不是为了任何特殊的用途,它本身就是目的,它是为了我们全部的生命，因此它永远不会使我们厌倦。

问题是我们以什么方式接受喜的完美的礼物——这个世界呢？我们能在内心中领受它吗？在那里我们已经深藏着对我们具有永恒价值的东西。我们正疯狂地忙于利用宇宙之力以赢得越来越多的权力；我们从宇宙的储藏中获取衣食；我们掠夺它的财富；它成了我们进行残酷竞争的场所。但是难道我们生来就是为了这个?！为了把我们的所有权扩大到这个世界，并把它制造成一种可销售的商品?！当我们的全部思想只集中在利用这个世界时，世界则对我们失去了它的真正价值，由于我们贪婪的欲望而使世界的价值贬低。这样，最后总有一天，我们只知道让它提供食物而失去它的真理，正像贪吃的儿童从一本珍贵的书中撕下好多页，并试图吞掉它们一样。

在盛行吃人习俗的地方，人把人看作他的食物，在这样一个国家文明绝不会昌盛，因为这里的人失去了他的较高的价值，实际上是粗俗的。但是还有另外一种食人者，可能并不如此恶劣，但其凶残程度也同样，这种情况不需要走多远就可见到。在文明程度较高的国家里，我们发现有时候人看上去只是一个肉体，在市场上按其肉体的价格被买卖。有时以他现有的用途确定他唯一的价值，他被当作一部机器被人利用来做金钱交易，去赚得更多的钱。这样，我们的欲望、我们的贪婪、我们对安逸的爱好，都使人类降到最低的价值，这是在极大程度上的自我欺骗。我们的欲望使我们看不到存在于人类之中的真理，这是我们自己对我们灵魂造成的最大错误，它使我们的意识麻木不仁，并且还是一种逐渐的精神自杀的方法。它在文明的机体中制造丑恶的毒疮，它带来了贫民窟、妓院，复仇的刑法，残酷的监狱制度，对异族剥削的组织方式，以至于通过剥夺异族的自治原则和自卫手段而达到永远侮辱他们的程度。

当然人对于人来说是有用的，因为他的身体是一部奇异的机器，他的头脑是一个有奇妙效率的器官。但是他也是一种精神，这种精神实际上只能通过爱被了解。当我们根据所希望的某个人的市场劳务价格来评价一个人时，我们对他的了解是不完全的，以这种对他有限的认识很容易形成对他的不公正，并且由于在我们这方面具有某些残酷的优势，当我们在他身上能够得到的比我们已经付给他的更多时，从而抱有洋洋得意的自我庆幸之感。但是当我们把他作为一种精神去了解时，我们了解他就如同了解我们自己，我们立刻感到对他的残忍就是对我们自己的残忍，造成他的低贱就是盗窃我们自己的人性，而企图利用他人只是为了个人的利益，这样，我们就只能得到金钱或安逸却以付出真理为代价。

一天，我在恒河上乘船外出，这是一个美妙的秋日的黄昏，太阳刚刚落山，寂静的天空充满了难以言喻的宁静与美妙，浩瀚的水面没有一丝涟漪，如镜的水中映照出落日余晖的全部流光浮影，连绵数英里的荒凉的沙滩像远古时代一些巨大的两栖类爬行动物躺在那里，带着它的发光的鳞片闪烁着光彩。当我们的船沿着布满鸟群巢穴的陡峭河岸默默地滑行时，突然一条大鱼跃出水面随即又消失。傍晚的天空显出五彩缤纷的渐渐模糊的轮廓，顷刻间一道道彩色帷幕被拉到一边，幕后却存在一个充满生命的欢乐的寂静的世界，它以一种优美的舞姿从它神秘住所的深处出现，并把它自己的音乐加入到即将消失的这一天静谧的交响曲中。我感到仿佛我置身于异国，他们用自己的语言向我致意，并以闪烁着喜悦的光芒抚摸着我的心。这时，舵手突然以特别遗憾的调子大声叫道："啊！好大的一条鱼啊！"立即在他面前出现一幅捕鱼和准备晚餐的幻想的画面，他的欲望使他只能看见鱼而看不到鱼存在的全部真理。但是人并不完全是动物，他还憧憬精神的幻影，也就是对整个真理的幻想，这能给予他最高的欢乐，因为它为人类展现出他与周围环境之间存在的最深奥的和谐。由于我们的私欲限制了自我实现的范围，阻挠了我们意识的扩展并引起了罪恶，使我们与神保持距离，形成了分裂和专横傲慢的内心障碍，所以恶不仅是一个人的单纯的行为，而且是对生活的态度，它很自然地认为我们的目标是有限的，我们的自我是最终的真理，我们在本质上完全不是统一体，而是各自存在的孤立的个别的自我实体。

所以我要再说一遍，除非我们爱人类，否则我们绝不能对人有正确的认识。文明不是依靠已发展的众多的权力来判断和评价，而是依靠人类的爱，依靠法律和制度所体现出的进步程度。首要的必须作出回答的问题是：究竟在多大程度上把人看成是一种精神而不是一部机器呢？无论在什么时候古代文明的衰落和灭亡都是由于人类内心产生了麻木不仁，以致贬低了人的价值：每当一个国家或者某一个权力集团把人民仅仅看作是他们的权力工具时，当强迫弱小民族去做奴隶并试图用各种方法压服他们时，人类就会毁掉他的伟大、他自己对自由与公平的爱的基础，文明绝不能承受任何形式的人吃人的习俗，因为只有人类才能真正富有爱和正义。

宇宙和人类一样，当我们通过欲望的帷幕来观察世界时，我们认为它是渺小的和狭窄的，不能领悟它的全部真理。当然，世界能为我们服务并满足我们的需求，这是显而易见的。但是我们和它的关系并不到此为止，我们和它以一种比需求更深刻更真实的关系结合在一起，我们的灵魂被它吸引，我们对于生命的爱实际上是我们希望延续我们和伟大宇宙的关系，这种关系就是爱的结合。由于我们寓于宇宙而感到高兴，我们以无数条从地球延伸到群星的丝带依附于宇宙。人类愚蠢地试图通过幻想与他称之为物质世界的彻底分离来证明自己的优越性，即在他盲目的狂热状态中，有时他会达到完全无明的地步，而把宇宙当作人类最可怕的敌人。人类的知识越进步，确定这种分离对人类来说就变得越困难，所有在他周围设置起来的想象中的界线就会一一消失。每当我们失去一些绝对的特性标记，我们以此赋予人类与其周围环境保持距离的权利，那时它就给我们一种蒙受耻辱的冲击。但是我们必须容忍这种情况，如果我们把自己的傲慢安置在证悟自我的道路上以制造分裂与不和，那么，它迟早都会在真理的车轮下被碾得粉碎。不，我们不会背上某些奇怪的优越性的包袱，简单的破裂是没有意义的。生活在一个比我们在灵魂属性中渺小得多的世界上，我们将完全堕落，就好像日日夜夜从生到死都被一群奴隶所包围和侍候，将会腐化和堕落一样。与此相反，这个世界是我们的伙伴，不仅如此，而且我们与它是统一体。

通过我们在科学上的进步，我们越来越清楚地认识到世界的整体性和我们与它的统一性。当这种统一的完美的概念不仅仅是理智的，当我们整个生命呈现在辉煌的万物的意识中时，它就会变为一种衍射出光辉的喜悦，变为普遍的爱。我们的精神在整个宇宙中发现了更大的自我，并且充满了绝对的信念确信它是不朽的。在封闭的自我中，它会死亡一百次，因为分离注定要死亡，不可能成为永恒。但是在一与一切结合的地方永不会有死亡，因为这里有其真，有其喜。当一个人在他自己的灵魂中感觉到整个宇宙灵魂的生命颤动的韵律时，那时，他是自由的。随后他参加了蒙着多彩面纱的美丽的宇宙新娘——“有限”和穿着洁白服装的新郎——“最高我”之间的神秘的婚礼，此时，他知道他是这个庄严的爱的庆典的参与者，并且是这个不朽的筵席中的贵宾。随后他懂得了预言诗人赞歌的含义，他唱道：“宇宙从爱生，依爱而维护，向爱而运动，最终归入爱。”

在爱中存在的一切矛盾相互融合而消失。只有在爱中才有联合和二重性，在分离中不会存在，爱必须在同一时间里是一又是二。

只有爱是运动和静止的统一，我们的心总是变换它的位置，直到找到了爱它才能平静。但是这平静本身是紧张活动的形式，在这里绝对的静止和不停的运动在爱的同一点上汇合了。

在爱中得失是均衡的，在它的平衡表中贷方和借方的账目在同一栏内，赠品增加了盈余。在这宇宙美好的节日里，在神的自我牺牲的伟大礼仪中，情人不断地舍弃自己又在爱中获得自己。的确，爱将舍弃与接受两种行动带到一起，并且将它们不可分割地联系起来。

在爱中有两极，一极是个人，另一极是非个人。在一极你必须明确地宣称——这是我；在另一极你同样地必须坚决否认——这不是我。没有这个自我什么是爱呢？再者，只有这个自我爱又如何是可能的呢?

束缚和自由在爱中并不是对立的,因为爱是最自由的,同时又是最受束缚的。如果至上神是绝对自由的,那将不会有创造。无限者已把自身呈现为有限的神秘,正是在无限者的爱中有限与无限成为一体。

同样地,当我们谈论有关自由与非自由的相对价值时,它就变成纯粹的文字游戏。我们并不是只渴望自由,我们同样也要求束缚,爱的崇高职能就是愿意接受一切束缚并要越过它们,因为没有任何东西比爱更具有独立性,再则,难道在别的什么地方我们也能找到这么多的依赖性吗?在爱中束缚也像自由一样是令人愉快的。

毗湿奴教派大胆地宣布:神已经和人结合了,在这种结合里,人类的存在成为最大的荣耀。在有限者奇妙韵律的魅力中,他使自己在每一步上都受到约束,这样,他就会在音乐和最完美的抒情诗中吐露他的爱。美是我们内心对无限者的追求,它不可能有其他目的,美告诉我们无论在什么地方炫耀权力都不是创造的本意,无论哪里有一点色彩,一节歌声,有一点优美的形式,哪里就会对我们发出爱的呼唤。饥饿强迫我们去服从它的命令,但是对人类来说饥饿并不是决定性的命令,曾经有人故意违抗它的命令以表示人类的灵魂并不受需求的强制和痛苦的威胁所支配。事实上我们活着每天都要抵制需求,小人物和大人物都是一样的。但是,另一方面,在世界上还有一种美永远不会损害我们的自由,甚至绝不会竖起它的小拇指强迫我们接受它的统治。我们可以完全无视它而不会因此受到惩罚。美对我们是感召而不是命令,它在我们当中寻求爱，而爱永远不能由强迫得到，强迫的确不是对付人类的具有决定性的力量，而喜才是，喜到处皆有：它在绿草如茵的土地上；在晴朗的蓝色天空中；在春天繁茂的草木中；在冬天严寒的封冻中；在激发我们身躯成长的充满生机的肌肉中；在人类姿态的完美平衡、高贵与挺直中；在生活中；在我们一切权力的行使中；在知识的获得中；在与邪恶的斗争中；在渴望得到我们从未能分享到的份额中。在那里喜到处皆有，它过于多了，不必要了，不仅如此，它还常常反对必要的最专横的命令，它的存在是为了表明法则的束缚只能由爱来解释，它们有如肉体和灵魂，喜是唯一真理的体现，即：我们的灵魂与宇宙同一，以及宇宙灵魂与至高无上的情人同一。

六　在行动中亲证

只有那些懂得欢乐是通过法则来体现的人，才能学会去超越法则，对于他们来说不是法则的束缚不再存在，而是这种束缚已变为自由的化身。自由的灵魂以接受束缚为欢乐，它不想逃避任何束缚，因为当灵魂受到束缚时，它感到一种无限能量的体现，它的欢乐在于创造。

实际上，哪里没有约束，哪里就会有放纵的疯狂，灵魂也就不再是自由的，它为此会受到损伤，从无限中分离出来，尝到犯罪的痛苦。每当灵魂屈从于诱惑而远离法则的束缚时，就像从母亲臂腕中夺走的孩子，他大声呼喊："别打我！"然后恳求说："噢，以法则束缚我吧。束缚我的身心。请紧紧地抱住我，让我在法则的拥抱中与欢乐结为一体，保护我，通过坚实的拥抱，以摆脱致命的罪恶的疏忽。"

正像有些人认为法则是欢乐的对立面，在这种观念的支配下错误地陶醉于欢乐一样，在我们国家有许多人把行动理解为是与自由对立的，他们认为作为物质方面的活动是对灵魂自由精神的约束。但是我们必须记住，如同欢乐表现在法则中一样，灵魂也是在行动中找到它的自由。这是因为欢乐不能单纯体现在自身，它要求外部的法则，同样，由于灵魂不能在内部找到自由，因而要求外部的行动。人类的灵魂通过行动正在不断地摆脱自身的束缚，否则它不可能自愿地完成任何工作。

人越多地行动使自己潜在的东西成为现实，就越能接近遥远的彼岸（Yet-to-be）。在这个现实化的过程中，人正在不断地使自己变得越来越显著，在他的各种活动的日新月异的各个方面，在国家和社会之中，他清楚地看到了自己，这种见解使他走向了自由。

自由不在黑暗之中，也不在蒙昧之境，没有任何约束像蒙昧的束缚那样可怕。种子奋力发芽，花蕾绽开花朵，正是为了摆脱这种蒙昧。同样，我们心灵中的各种观念正在不断地寻找机会，通过外部形式呈现出来，正是为了摆脱这种蒙昧的外壳。我们的灵魂也一样，为了使自己从蒙昧的迷雾中解放出来，走向光明，正在不断地为自己创造新的活动领域，正在忙于设计新的活动形式，甚至这些为了它的世俗生活的活动也不必要，为什么？因为它要求自由，要求认识和证悟自己。

当人类砍倒了腐朽的丛林，把它开辟成自己的田园时，他这样从丑陋的环境中解放出来的美，正是他自己灵魂的美，不给予这种外部的自由，他就不可能获得内心的自由。当他将法则和秩序贯彻到起伏多变的社会中时，他从恶的障碍中解放出来的善就是他自己灵魂的善：没有这样的外部自由就不可能找到内在的自由。因此，人不断地在行为中释放出他的力、他的美、他的善，他的真正的灵魂。他这样做获得的成就越多，就越能认清自己的伟大，他对自我认识的范围就变得更广阔。

奥义书说："只有在活动中你才有希望活一百年。"（《伊莎奥义书》Ⅱ）这正是灵魂充分地体验到欢乐的人们的格言。那些已经完全认识了灵魂的人们永远也不会以令人沮丧的声调谈论人生的悲哀或行动的束缚，他们不像那些柔弱的花朵，茎梗是那样的纤细，以至于在结果之前就脱落了。他们竭尽全力坚持自己的生命，并且说："果子不成熟我们绝不凋谢。"他们在生活和工作中渴望着以欢乐努力表现自己。痛苦和悲哀不能使他们灰心，他们也不会因为自己内心的重负而屈从于灰尘，他们像凯旋的英雄昂首阔步向着生活进军，通过欢乐和痛苦，在不断增强的灵魂光辉中，认识和表现自己。他们生命的欢乐与整个宇宙中建设和破坏能力的欢乐协调一致，阳光的欢乐、自由空气的欢乐与他们生活的欢乐相混合，从而产生一种支配内外的美妙的和谐。因此，他们说："只有在活动中你才有希望活一百年。"

这种生命的欢乐，工作的欢乐，对人类来说是绝对真理，把它说成是我们的幻觉，并且说除非我们抛弃它，否则就不能走上自我证悟的道路，这些都是没用的。离开现实的世界，企图获得对无限的证悟，将永远不会有丝毫益处。

说人类是被迫行动的，这不是事实，如果说有被迫的一面，那么也有情愿的另一面；一方面迫于需要而行动，另一方面是急于使自己的本性完善，这是为什么呢？因为人类的文明进步了，他增加了自己的义务和为了证悟自我而心甘情愿地去创造事业。有人认为大自然已经赋予人类足以使他忙碌的事情，实际上它是以饥饿和焦渴的鞭笞使他走向死亡，——但是，并不是这样。人类并不以此为满足，他不能像禽兽一样接受本能的驱使，他必须超越一切，甚至在行动方面。没有任何生物像人类一样，工作如此辛勤，他曾经被迫为自己在社会中创造出一个广阔的行动领域，在这个领域里他不断地建设和摧毁，不断地制订和废除法律，积聚大量的物资，不停地思索、探求和受苦；在这个领域里他曾为自己最大可能的成功而战斗，不断获得新的生命，使死亡成为光荣的，不但不逃避困难，而且心甘情愿地、不断地挑起新的困难的重担。他已经发现了这样的真理，即人类在他周围环境的牢笼中，他是不完善的，他比自己的现在伟大，而且发现当他停留在某一个地方时，他可能是舒适的，然而生命的停滞破坏了他的真正作用和他存在的真实目的。

这种大破坏，他不能忍受，因此为了超越现在，得以成长，为了成为未来的他，他去操劳和受苦，人类的光荣也正在于这种劳苦之中。这是因为他知道人类不想限制自己行动的范围，与此相反，却是不断地忙于扩大这个范围。有时他犹豫彷徨，觉得自己的工作势必失去意义，有时他来回奔波，制造可怕的围绕着不同中心的旋涡——如自我利益的旋涡，傲慢势力的旋涡，然而只要这种流量不减弱，就不用担心，人类行动的障碍物和僵死的堆积物都会随之被驱散和卷走，这种动力修正了人类自己的错误。只有当灵魂停止工作处于睡眠状态时，它的敌人才会获得压倒一切的力量，而这些障碍物也变得非常顽固，难以清除。因此，先哲们告诫我们：为了工作我们必须活着，为了活着我们必须工作，生命和行动不可分割地联系着。

生命的基本特性，就是内在的生命本身是不完全的，它必须显现，生命的真实就在于内外交流。为了生活，身体必须与外界的阳光和空气保持多种关系，这不仅能获得生命力，而且也表现出生命力。请想一想，身体是如何忙于从事内在的活动：它的心脏必须一秒不停，它的胃，大脑必须不停地工作，然而这还不够，身体对外界的活动一刻也不休止。人类的生命将自身引向外界欢乐与工作的无止境的节奏中。它不能满足内部组织的循环，只有在外面的漫游中才能找到欢乐和满足。

灵魂也一样，它不能生活在自己内在的感觉和想象中，而是永远需要外在的对象，这不仅为了哺育内在的意识，而且要付诸于行动，不单要接受，而且要给予。

老实说，如果把真理分为两个部分，我们就不能生存，不论是内部，还是外部，我们都必须生活在真理中，如果我们在某一方面拒绝真理，那就是自我欺骗，就会受到损失。“梵不会舍弃我，我也不会舍弃梵。”（《沙摩吠陀》）有人说只能通过内观去亲证梵，而在外部的活动中则不必考虑它的作用；有人说可以通过内心的爱去享受梵，而不必通过外部的侍奉活动去礼拜它；也有人说法相反。总之，他们在探求人生的道路上都只重视一个方面而忽视另一个方面，如果这样的话，我们就会步履蹒跚，最终走向灭亡。

欧洲大陆似乎认为人的灵魂力图向外扩展，所以，只有在行使权力的领域，他们才称王称霸，他们一心一意去扩张自己的势力，而对内在的人格完美却马马虎虎。不！他们对此根本不相信。他们认为最高的完美，在任何时候、任何地方也不可能实现。西方的科学早已提出世界进化尚未完成，西方的哲学今天也开始谈论神本身的进化，他们不承认神的存在，而力图证明神正在生成。

对无限者来说，任何可以被指出来的界线都可以被超越，他们尚未证悟那种完美无缺的事物。而梵一方面虽不断进化，另一方面又是完美无缺的，也就是说，从一个侧面看，看到的是它的本质，而从另一个侧面看，看到的则是它的显现。就好比同时指出唱歌这一行为与歌本身一样。但是如果从西方人的思想方法来看，则可以说他们只承认唱歌这一行为在进行，而认为歌本身是不存在的，这是在无视歌手的意识。毫无疑问，直接被我们所感知的，只是唱歌这一行为，无论何时，都不是作为整体的歌，但是，我们不是一直都知道，整首歌存在于歌手的灵魂中吗？

正是由于西方人强调行动和变化，使我们感觉到西方人对权力的陶醉。这些人似乎已决意要通过实力去掠夺和支配任何事物，他们将永远拼命地行动，并永远也不会做完——他们绝不允许事物的性质僵死于原有的地方——他们不懂得完成的美。

在我们国家危险来自相反的方面，我们的偏爱是内心世界，我们以轻蔑的态度甘愿抛弃权力和势力的扩张，我们只愿意用冥想，从整体上亲证梵的完美性，绝不愿意在与宇宙的交流中，认识梵的进化方面。这就是为什么在我们的探求者中间，我们常常发现精神的陶醉和它必然导致堕落的原因。他们的信仰可能会承认没有法则的束缚，他们的想象力无拘无束地翱翔，他们的行为鄙弃理性所提供的任何说明，他们的理性枉费心机地试图离开梵的创造行为而见到梵，从而使理性本身成为枯石，而他们的心在试图将梵禁闭在自己流露的感情中时，却迷失在放荡销魂的狂喜中，由于他们忽视了法则的束缚和对外部世界的行动要求，从而在内心也失去了维持人类精神力量和品性的判断标准。

但是，真正的精神，正像我们的圣典所教导的那样，在内外相互的关系方面应保持力的均衡。真理有它的法则，也有它的欢乐，一方面歌唱：“火由于畏惧它而燃烧，太阳由于畏惧它而照耀，风、

云和死亡也由于畏惧它而完成自己的职责。”①另一方面又唱：“这全宇宙都是从喜产生，因而在喜中保持，在喜中前进，在喜中入没。”②不服从法则，自由是不可能获得的，因为梵一方面被真理束缚，另一方面在欢乐中存在着自由。

拿我们本身来说，只有当我们完全服从真理的束缚时，我们才能充分获得自由的欢乐。为什么呢？这好比是被缚在琴上的弦，当琴弦正确地被张紧、系缚的力量没有轻微的松弛时，才能产生音乐的效果，此时弦的优美旋律超越了弦本身，每一根琴弦都找到了真正的自由，这是因为一方面受到严格的法则的约束，另一方面是在乐曲中能够找到选择音域的自由，但是，当弦没有正确地被张紧时，实际上系缚只是束缚，束缚的缓和也不会带来自由，只有被牢牢地绷紧，直到获得正确的音调时，才能实现真正的自由。

人类义务的高低弦，在我们不能按照真理的法则坚持不懈地调音，使它们谐调，那么，也只能是束缚。如果将它们放松陷于不活动的静止状态，我们也不能称为自由。这就是为什么我说真正的奋斗在于真理的追求，法的追求，不在于否定行动，而在于努力使它谐调、逐渐趋向永恒的和谐的原因。这种奋斗的格言就是：“将你所做的一切工作，完全奉献于梵。”这就是说：灵魂通过它的全部活动将自身奉献于梵，这献身的行动是灵魂的歌声，也是灵魂的自由。当全部活动走向与梵结合之路，当灵魂停止向自己欲望

---

① 引文译自《泰戈尔著作集》(八)，1981年东京，日文版，第508—509页。原英文版只有省略句。——译注

② 引文译自《泰戈尔著作集》(八)，1981年东京，日文版，第508—509页。原英文版只有省略句。——译注

的不断转变，当自我献身精神增长得越来越强烈时，欢乐就会支配一切，随后就有了完美，自由，在这个世界上，至高神的王国就降临了。

是谁，坐在他的角落里，嘲弄人类在行动中这种伟大的和谐的自我表现，这种不断地自我献身呢？是谁，认为人与至高神的结合是在与世隔绝的自己想象的欢乐中，远离全人类经过无数世纪在风吹日晒中辛勤劳动所建立起来的人类伟大的高耸入云的寺庙才能找到呢？是谁认为这种与世隔绝的交往是宗教的最高形式呢？

啊！心神恍惚的游方僧呀！你畅饮着自我陶醉的美酒，你还没有听到跋涉在人类的广阔道路上的人类灵魂前进的歌声吗？没有听到注定要越过各种束缚向着全世界扩展的成功的车轮滚滚向前的轰鸣声吗？无数面胜利的旗帜正在天空迎风招展，高山断裂为其让路，各种混沌的物质正像沐浴在朝日中的薄雾，逐渐地、不可抗拒地消失，痛苦、疾病、混乱在这进军面前步步退缩，无知的障碍被推到路边，愚昧之黑暗正在被刺穿，看啊！富有和健康，艺术和诗歌，知识和正义的希望之地正在逐渐地显露出来。在你冷漠的愿望中，你是否想到：这个正沿着历史的伟大进程前进、凯旋的欢呼震撼着大地的人类战车，难道没有御者将人类引导到目的地吗？是谁不肯响应号召，拒绝加入这胜利进军的行列呢？是谁这样愚蠢，从愉快的人群中逃跑，而在冷漠的无为中去追求他呢？谁这样虚伪地渲染，竟敢将一切——人类的伟大世界；正在发展的人类文明；人类为了赢得权力的胜利，经过深沉的痛苦、极大的欢喜、经过内外无数的障碍物而获得的人类的永恒成果——称为不真实呢？那种认为这无限的伟业是莫大的欺骗的人，能真正相信至高

神就是真理呢？那种认为从这个世界逃跑就能亲证至高神的人，他想在何时何地与神相会呢？他能逃多远——他能逃了又逃，直到逃入空无的境地吗？不！想逃跑的懦夫，无论在任何地方也不能找到神。我们必须大胆地提出，我们此时此刻，在此地，在这个地方正在接近神；我们必须确信，正像我们在自己的行为中认识自己一样，在我们自己身上，我们正在认识他——他是我中之我；我们必须有权主张，通过努力，一切障碍、一切混乱、一切不和都将从自己行动的道路上迅速地被清除；我们必须说："在我的工作中存在我的欢乐，而在欢乐中存在我的永久的欢乐之喜。"

奥义书将什么样的人称为"知梵者中的居上者"呢？对他下的定义是："在梵中有欢乐，在梵中有行动的行动者。"(《蒙达迦奥义书》Ⅲ,1,4)没有欢乐行动的欢乐，不是欢乐——没有能动性的行为，也不是行动，行动是欢乐的行动。在梵中有欢乐的人，他怎么能生活在无为中呢？因为他如果不行动，梵的欢乐从哪里获得形式，并显现出来呢？这就是为什么知梵，在梵中有欢乐的人，同时也必须在梵中有一切行动——如他的吃喝，他的谋生和他的善行的原因。正像诗人的欢乐在他的诗中，艺术家的欢乐在他的艺术中，勇敢者的欢乐在他的胆量外溢中，智者的欢乐在真理的辨别中，他们各自的欢乐总是在各自的活动中表现一样，知梵者的欢乐就在他每天大小事务的全部工作中，在真、美、善和秩序中寻求对于无限的表现。

梵本身表现它的欢乐正是用同样的方法。"他通过多种多样的活动，向各个方向扩展，以满足他的不同的创造物固有的欲求。"(《白骡奥义书》Ⅳ,1)这固有的欲求是梵自身的欲求，因此，梵以多种方法，多样形式表现自己，他工作，因为不工作他如何能表现自己呢？他的欢乐就是在奉献中奉献出自我，而这奉献就是他的创造。

基于这种情况，我们本身真正的意义就在于，我们要和我们的父亲（梵）相似，我们也必须有目的地通过多方面各种各样的活动表现自己。在吠陀中，梵被称为："他自己的给予者，是力的给予者。"（《尼理心诃奥义书》Ⅱ，4）他不满足于将他本身赐予我们，而是赐予我们力量，就像我们赋予自己力量一样。这就是为什么奥义书的预言者们向满足我们需要的神祈祷说："愿你赐予我们行善之心"，（《白骡奥义书》Ⅲ，4）愿他通过赐予我们的行善之心来满足我们最大限度需要的原因。这就是说，只清除我们的欲望是不够的，神还要给予我们愿望和力量，和神一起工作行善。这样，我们与神的结合才能实现。这行善之心就是指将他人的需要作为我们自身固有的需要，它表明：我们的欢乐存在于人类事业的多方面权力的各种目的中，当我们在行善之心指导下工作时，我们的活动是有秩序的，但并不是机械的，行动不是迫于必要，而是被灵魂的满足所激励，这样的行动不是盲目模仿大众行为的行动，也不是怯懦地追随潮流。在那里，我们开始领悟到："神存在于宇宙之始，也存在于宇宙之终。"（《白骡奥义书》Ⅳ，1）而且我们同样领悟到：神是我们自身工作的源泉和灵感，也是最终的目标，因此，我们的一切活动都浸透着宁静、善和欢乐。

奥义书说："知识、力量和行动都是神的本性。"正是由于这种天性在我们当中不曾产生，才造成我们将工作和欢乐割裂开来，我们的工作日不是我们的欢乐日——因此，我们要求节日，我们在自

己的工作中不能找到节日，所以我们是不幸的。河流是在向前奔流中找到它的节日；火是在火焰的燃烧中找到它的节日；花香是在大气的弥漫中找到它的节日，但是在我们每天的工作中却没有这样的节日，这是因为我们没让自己解放，因为我们没有愉快地、完全地将自己献身于工作，以致让我们的工作压倒了自己。

啊！你这赐予者，在你欢乐的显圣中，让我们的灵魂像火一样为你燃烧，像河水一样向着你奔流，像花香一样充满了生命。愿你赐予我们爱的力量，我们的生命在欢乐和痛苦、得与失、兴与衰中去充分地爱。让我们有足够的力量充分地去感触你的宇宙，并以充沛的精力工作。让我们以你给予我们的生命完美地生活。让我们勇敢地获取和勇敢地给予，这就是我们对你的祈求。让我们彻底地驱逐我们思想中软弱的幻想，这种幻想将欢乐看成是离开行动、没有内容、没有形式和不能持久的东西。无论在哪里，只要农民耕种坚硬的土地，就会从绿色的谷芽中涌现出他的欢乐；无论在哪里，只要人清除杂乱的森林，铲平坚硬的大地，为自己清理出一块住宅，他就会在宁静与秩序中拥有他的欢乐。

啊！宇宙的劳动者，我们向你祈求，愿这世界能量不可抗拒的潮流来吧！像春天的南风猛烈地吹拂；愿它迅猛地越过人生广阔的原野；愿它带来花的芬芳和森林的沙沙声；愿它使我们空虚干涸、毫无生气的灵魂产生甜美和乐声；让我们新的觉醒的力量大声疾呼，呼唤叶的新绿，花的初绽和果的充实，愿这生生不息的过程永无止境。

七　美的亲证

我们从中不能得到欢乐的事物，不是我们用任何代价都想摆脱的一种心灵负担；就是因它们有用而与我们有着暂时的和部分的关系，一旦它们失去效用时就会成为累赘；或者它们像是四处漫游的流浪者，在我们的认识范围之外闲逛片刻立即消失。一件事物只有当它对于我们是一种欢乐时，它才完全是我们自己的。

这个世界的大部分对我们来说似乎是无，但是我们不能容许它这样，因为这样就会贬低我们自己。这整个世界已经属于我们，我们所有的力量都有它们在信念上的决定性意义，由于它们的帮助我们才得以占有我们继承的财产。

但是在我们意识扩展的过程中，我们美感的作用是什么呢？难道是美感把真实分为强烈的光明和阴影，并将美与丑不可调和的区别带到我们面前吗？如果是这样，那么，我们就必须承认是这种美感在我们的宇宙中制造了冲突，并在引导单个事物通向万物的交通大道上横竖起一堵障碍之墙。

然而这不可能是真的，只要我们的认识是不完全的，在已知与未知、愉快与不愉快的事物之间必然会保留某种区别。但是不管某些哲学家如何论断，他的可知世界都不会接受任何武断的和绝对的限定。每天人类的科学都深入到过去在他的地图上标明尚未勘察和不可能勘察的地区。我们的美感同样总在忙于推进它的探索。真理无处不在，所以任何事物都是我们认识的对象。美无处不有，因此任何事物都可以给我们欢乐。

在人类早期的历史中，他把任何事物都当作某种生命现象。人类的生命科学是从在生命与无生命之间建立某种明显的区别而开始的，但是随着这种进程越来越深入，动物与非动物之间的分界线也变得越来越模糊了。在我们认识的早期，这些明显的对比线对我们有所帮助，但是当我们的认识变得比较清楚时，它们也逐渐地消退了。

奥义书曾说过，万物是通过无限之喜被创造与维持的，要亲证这种创造的原理，我们必须从某种区别开始——区别完美和不完美，然后这美的认识才能给我们带来一股强劲的风，使我们的意识从最初的昏睡中觉醒，并通过这种强烈的对比来达到它的目标。因此我们与美的最初相识是在于它的色彩斑驳的外衣，它以它的条纹和羽毛吸引着我们，不仅如此，它还用它的被毁损了的形象来触动我们，但是当我们对美的认识成熟了，这种明显的不协调就会变为韵律的和谐。最初我们从周围的事物中分离出美，我们把它与其他事物分开，但是最终我们领悟到它与万物的和谐。此时，美的音乐已不再需要用喧闹的噪音刺激我们，美放弃了暴力以“温柔的人承受土地”的真理吸引着我们的心。

在我们成长的某个阶段，在我们历史发展的某个时期，我们试图建立起一种对美的特殊的崇拜，把美缩小到狭窄的范围内，使它成为精选出来足以夸耀的事物，这样，它就在信徒们的虚矫和夸张中养育成长就像印度文明衰落时期的婆罗门对它的态度一样。当背离了对较高真理的认识时，迷信就会不受抑制地滋长。

在美学史上也曾有过一段解放时期，那时在伟大的和平凡的事物中能够轻而易举地发现美，那时我们看到在普通事物质朴的和谐中比在令人惊奇的事物的怪异性中有更多的美。同样，当在表达美时我们力图避免明显令人愉悦、被习俗赞赏的种种事物时，我们也不得不经历反动的阶段。于是我们受到诱惑，蔑视对平凡事物的平凡性的夸大从而使它们极其不平凡的做法。为了恢复和谐，我们引起了不和谐，这是一切反动的特征。在当代我们已经看到这种美学反动的迹象，它证明人类在最后终究会认识正是感觉的褊狭将他的美学意识的领域截然分为美与丑。当他有能力看到许多事物从自我利益、从顽固地追求私欲这些观念中摆脱出来时，那时他才能有真正的无所不在的美的见解，那时他才能看到使我们不愉快的并不一定是丑，而是在真实中存在着的美。

当我们说美无处不在时，我们并不是指丑这个词将从我们的语言中被废除。正像说不存在虚假这种东西同样是荒谬的一样，虚假肯定存在，它不是在这个宇宙体系中，而是在我们的理解力中，它是消极因素。同样，在我们的生活和我们的艺术中，在美的歪曲的表现里也有丑，这是由于我们对真理不完全的领悟。从某种程度上说，我们既然能使自己的生活与存在于我们和万物中的真理法则相对立，那么，同样我们也能违反无所不在的永恒的和谐法则而引起丑。

通过我们的真理观，我们认识了宇宙中的规律；通过我们的美感，我们领悟了宇宙中的和谐。当我们认识了自然界的规律时，我们增强了驾驭自然的能力而变得强大；当我们领悟了我们道德本性中的法则时，我们就能够控制自我，从而变得自由。同样，我们对物质世界中的和谐理解得越充分,我们的生命对创造之喜分享得越多,我们在艺术中对美的表现就变得更具有真正的普遍性。当我们意识到我们灵魂中的和谐时,我们对宇宙精神极乐的理解就成为普遍的,在我们生活中对美的表现就会在善与爱中向着无限运动,这就是我们存在的最终目标,因此我们需要永远懂得"美是真,真是美";我们必须以爱来领悟整个世界,因为爱使世界产生、持续,并使它回到爱的怀抱;我们必须有内心的完全解放,它赋予我们力量,使我们立于万物的内在中心,并能体验到从属于梵的无私的欢乐的满足。

音乐是艺术最完美的形式,因此也是美的最直接的表现,它具有统一与单一的形式和精神,很少为任何外在的东西所妨碍。我们似乎感到正是音乐本身在宇宙的有限形式中表现了无限,无限是可见的和无声的。夜晚的天空不倦地再现着灿烂的星座,好像是一个孩童惊奇地发现了自己第一次发音的秘密,他口齿不清地,一遍又一遍地重复着同样的语言,听着它而沉浸在无尽的欢乐中。在七月多雨之夜,黑暗浓密地覆盖着草场,嗒嗒的雨声为寂静沉睡的大地拉开了层层帷幕,这种单调的嗒嗒的雨声似乎本来就是黑暗的声音。树木浓淡疏密的枝条和它朦胧的暗影;多刺的灌木丛稀疏地散布在光秃秃的荒地上,犹如满头湿发的游水者浮动着的头;湿漉漉的青草与浸透雨水的大地的气味;以及耸立在乡村小屋包围之中的黑暗模糊的寺庙的尖顶——这一切都好像是从夜的中心发出的乐音,它们融合并消失在单调的布满天空的不停的雨声中。

因此真正的诗人,他们是先知,寻求以音乐的词汇来表现宇宙。

他们偶尔也用绘画的象征去表现多种形式的展现，用无数线条和颜色的混合时时刻刻在蓝天的画布上描绘。

他们自有其理，因为绘画的人必须要有画布、画笔和颜料盒，他的画笔最初的笔触远非其完整的思想，当工作完成以后，艺术家离开了，孤零零的画幅放在一边，创造者才收回由于爱而不停触摸的手。

然而歌手却在他内心拥有一切事物，从他生命本身发出无数的乐音，它们不是来自外界素材的积聚。歌手的思想和表现有如兄弟姊妹，它们常常像孪生的一对。在音乐中内心的启示是直接的，它不会遭受来自任何外界素材的干扰。

因此尽管音乐也像所有其他艺术一样，有待于完善，但是在每一步上它仍然献出整体的美。至于表现的材料，甚至连语言也是一种障碍，因为它们的意义必须由思想所解释。而音乐绝不依赖任何明确的含义，它表达的东西是永远也不能用语言表现出来的。

更重要的是音乐和音乐家是不可分的，当歌手离开时，他的歌声也随之消逝；歌声与其主人的生命和欢乐永远结合在一起。

这宇宙之歌同它的歌手绝不会有片刻分离，它不会被任何外部的材料所改变。正是歌手的欢乐本身采取永无止境的形式，是这颗伟大的心所发出的激烈的情感震撼着太空。

在这部音乐的每一个单独的乐段中都存在完美，这是在不完全中展现了完全。其中没有一个乐音是最终的，而每一个乐音都反映了无限。

即使我们不能得到这种伟大的和谐的确切含义又何妨呢？难

道不是像手触摸到琴弦一样在弹奏时立即引出全部的音调吗？来自宇宙中心并直接到达我们心中的这种爱抚正是美的语言。

昨夜，在满布黑暗的静寂中，我独自站立着，倾听这永恒的旋律的歌声，当我合上双眼随着头脑中最后浮现的思想就要入眠时，甚至当我在微睡中保持着无意识状态时，生命的舞蹈一直在我沉睡的身体的寂静舞台上继续不停，与星星保持同步。这时心脏仍在跳动，血液仍在血管中畅流，我们身体中的数百万个生机旺盛的原子仍将随着主人拨动的琴弦所发出的音调而颤动。

八　无限的亲证

奥义书说："人如果在这一生中能亲证至高神，他就是真实的，如果不能，对他来说就是最大的灾难。"

但是，这种亲证神的本质是什么呢？很清楚，无限者并不像众多事物中的一种，能明确地分类，并被保留在我们的所有物中，作为我们在政治、战争、谋财图利或社会竞争中有利的同盟者。我们不能把神与我们的消夏别墅、摩托车或银行存款列入同一清单，如同许多人似乎想要做的那样。

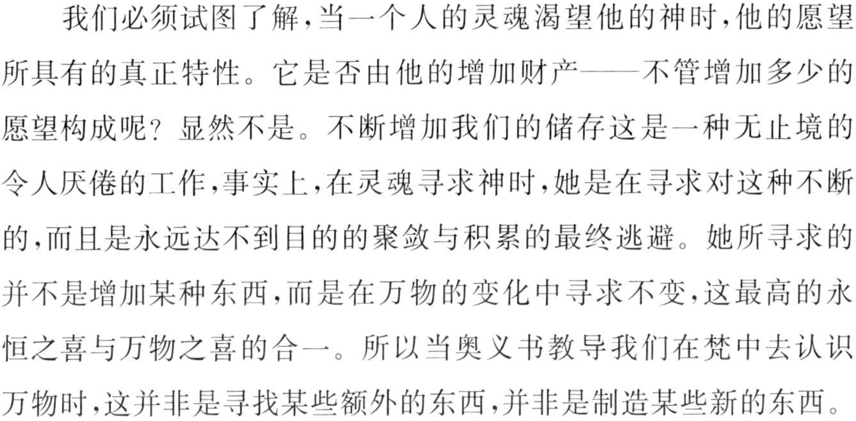

我们必须试图了解，当一个人的灵魂渴望他的神时，他的愿望所具有的真正特性。它是否由他的增加财产——不管增加多少的愿望构成呢？显然不是。不断增加我们的储存这是一种无止境的令人厌倦的工作，事实上，在灵魂寻求神时，她是在寻求对这种不断的，而且是永远达不到目的的聚敛与积累的最终逃避。她所寻求的并不是增加某种东西，而是在万物的变化中寻求不变，这最高的永恒之喜与万物之喜的合一。所以当奥义书教导我们在梵中去认识万物时，这并非是寻找某些额外的东西，并非是制造某些新的东西。

"要知道存在于宇宙中的任何东西都是被至高神所包容。任何享受都是至高神的赐予，在你思想中不要怀有贪图他人之财的意念。"（《伊莎奥义书》Ⅰ）

当你领悟到任何存在都被神所充满,你的任何财产都是神的礼物时,你就在有限中亲证了无限,在赠品中领悟了赐予者。那时你就懂得现实中的一切事物在表现唯一的真理时都具有它们唯一的意义。你的一切所有对你也具有独特的意义,不是在于它们本身,而在它们与无限者所建立的关系中。

因此不能说我们像发现了其他事物一样发现了梵。对梵的探求不存在一物优先于另一物,以一个位置代替其他什么位置的问题。我们无须为了看晨光而跑向食品店,睁开我们的眼睛晨光即在。所以我们只要舍弃私我就会发现梵无所不在。

这就是为什么佛陀告诫我们要从自我生命的束缚中解放我们自己的原因。如果这里没有其他东西能更积极完善地和令人满意地取代私我的位置,那么,这样的告诫就绝对没有意义。没有人能严肃地考虑这种忠告,更不会对它有任何热情,无论如何,人们不会为一无所获而放弃一切。

所以我们每天对至高神的礼拜实际上并不是逐步地获得他的过程,而是每天舍弃私我,排除一切阻拦结合的障碍,使我们的意识在献身与服务中,在善与爱中扩展到神的意识的过程。

奥义书说:“在梵中失去一切,正如一支箭已完全射中目标。”所以必须意识到被梵绝对包容的生命不是一种纯粹的精神专注的行为,它必须是我们生命的整个目标。在我们一切思想和行为中都必须意识到无限者的存在。让这种真理的实现在我们日常生活中变得更容易一些。“如果充满喜的活力没有布满天空,人就不可能生活或行动。”让我们在我们的一切行动中感受这无限者的活力的推动而倍觉高兴吧!

可能有人会说无限者是我们无法企及、无法达到的，因此他对我们来说仿佛是无。是的，如果“达到”一词含有某种占有的观念，那么必须承认无限者是达不到的。但是我们必须记住：人类最高的欢乐并不在于占有而在于获得，同时那也是失。我们肉体的享受绝不给空想留有余地，肉体的享受好像是地球的冷却的卫星，周围只有少量的大气。当我们得到食物以满足我们的饥饿时，这完全是占有的行动，只要饥饿还没有满足，吃就是一种享受，因为此时我们对吃的欢乐在每一点上都接触到了无限。但是当吃的欲望已经实现，或者换句话说，当我们吃的欲望达到不能再吃的极限时，肉体的享乐也就到了终点。在我们全部的理智乐趣中留有较宽的余地，界限是遥远的。在我们所有的更深沉的爱中，得与失总是平行的。在我们毗湿奴教派的一首抒情诗中，一个情人对他的爱人说：“我感到仿佛自我出生以来，就一直凝视着你那美丽的面容，但我的眼睛仍然是饥渴的；我感到仿佛把你紧抱在我的怀中已有几万年，但我的心仍然不能满足。”

在我们快乐时，实际上我们正是在寻求无限者，这首诗清楚地表明了这一点。我们对财富的欲望并不是为了一笔特定的金额，而是一种无限制的欲望。我们快乐的一刹那不过是接触到永恒的瞬间。人类生命的悲剧就在于我们妄图扩大绝不可能成为没有限制的事物的界限，——通过荒谬地增加有限的梯子的阶梯以达到无限。

由此可知，我们灵魂的真正愿望是获得超越我们一切财物的东西。当她被能触及和感觉到的东西包围时，她呼唤：“我已厌倦获得物，噢！那从来没有得到的他在哪儿呢？”

在人类的历史中无论在任何地方我们都会看到舍弃的精神是人类灵魂最深刻的实在。当灵魂说到某种东西时："我不需要它，因为我在它之上"，这时灵魂就表达了内在的最高真理。当一个女孩长大不需要她的玩具娃娃时，当她认识到她在各方面都比玩具娃娃更优越时，她就会把它扔掉。正是由于占有行为我们知道我们比我们占有的东西更重要，然而将我们束缚于比我们更不重要的东西却完全是一种灾难。这正像玛特列依（Maitreyī）在她丈夫离家前夕把财产交给她时所感觉到的，她问丈夫："这些物质的东西会帮助一个人达到至高者吗？"——或者，换句话说，"它们对我来说比我的灵魂更高贵吗？"这时，她丈夫回答说："它们将使你在世俗财富上成为富有的。"她立刻说："那么，这些东西对我有什么用呢？"只有当一个人真正认识到对他的财物不应抱有更多的幻想时，那时他才领悟到他的灵魂远远高于这些东西，从而使他摆脱束缚而获得自由。这样，人类真正领悟他的灵魂是由于摆脱了他的财物，人类在永恒生命道路上的进步是由于一系列的舍弃。

我们不能绝对地拥有无限的存在，这不是一个纯粹的理智的命题。它必须被体验，而且这种体验是无上之喜。当鸟儿在空中飞翔每次扑打翅膀时，它体验到天空是无际的，它的翅膀永远不能把它带到天际之外，在这里有鸟儿的欢乐。笼子里的天空是有限的，它或许可以充分满足鸟的生命的全部目的，只是不能比它所要求的更多。在需要的范围内鸟不能得到欢乐，它必须感到比它所要求的或所包容的数量更多得多，这样它才能欢乐。

因此，我们的灵魂必须在无限中翱翔，她必须时刻感到在不能达到她的成就的极限的感觉中有她的至上的欢乐，她的最终的自由。

人类永久的幸福不在于获得任何东西，而在于把自己给予比自己更伟大的东西，给予比他的个人生命更伟大的观念，即祖国的观念、人类的观念、至高神的观念。这些观念能使人类更容易舍弃他所有的一切，连他的生命也不例外。在人类没有找到某些能真正索取他的一切的伟大的观念之前，他的存在可能是不幸的和可怜的，这种伟大的观念能使他从他所依附的全部财物中解放出来。佛陀和耶稣以及我们所有伟大的先知们都代表了这种伟大的思想，他们在我们之前已抓住了舍弃一切的机会。当他们捧出神圣的托钵时，我们感到我们不能不布施，我们发现在布施中有我们最真实的欢乐与解脱，因为布施使我们自己与无限达到统一。

人类是不完善的，他仍然有待于完善。从他现在是什么这方面说，他是渺小的，如果我们能设想人类永远停步不前，我们将会得到一种人类所能想象出的最可怕的地狱观念。然而从他的未来看，他是无限的，那里有他的天堂，他的解脱。他的现在，就是时刻处于能得到什么和已经得到什么的状态；他的未来，则是渴求某种比能得到的更多的东西，渴求某种由于他从来没有、所以也绝不会失去的东西。

我们存在的有限极点在需求性的世界上有它的位置，在那里，人类四处寻求维持生存的食物，为得到温暖而穿衣，在这个领域——本能的领域——获得东西是人类的职能，自然的人在忙于扩大他的占有物。

但是获得的行为是部分的，它被局限于人类的必需品。正像一个容器只有具有一定的容积才能够盛水一样，只有达到我们所要求的限度我们才能具有某种东西。我们与食物的关系只限于吃喝，我们与房子的关系只限于居住。当一种东西只适合我们某种特殊的需要时，我们称它为一种恩惠。因此获得就始终是局部的，而绝不可能是别的什么，所以对这种获得的渴望属于我们有限的自我。

但是我们存在的另一极，其方向是朝着无限，并不是追求财物而是追求自由与欢乐。在那里，需求性的支配结束了，在那里，我们的职能不是获得而是将来成为什么。成为什么呢？成为与梵合一的人，因为无限的领域是统一的领域，因此奥义书说："如果人领悟了至高神，他就成为真实的。"在这里它是正在变化着的，而不是占有更多的东西。当你懂得了许多词的含义时，这些词就不会堆砌在一起，由于它们与思想一致而成为真实的。

虽然西方人已经勇敢地宣布他与他的圣父合为一体，并劝告信徒们把像上帝一样完美的人奉为导师，然而这种观念绝不会与我们和无限存在合一的观念一致。它谴责说任何使人成为神的意图都是对上帝的一种亵渎。这种绝对至上的观念肯定不是基督的说教，大概也不是基督教神秘主义者的思想，然而它似乎已成为在西方基督教中普遍流行的思想。

但是在东方最高的智者认为：为了任何特殊的物质目的去利用至高神、获得它，这不是我们灵魂的职能。我们所追求的一切就是与至高神逐渐地成为一体。在自然界的领域，也就是在多样性的领域，我们依靠获取而成长；在精神世界，也就是在统一的领域，我们依靠舍弃自己、依靠结合而成长。正如我们已经说过的，获得某种东西是依靠它的本能，只限于某种特殊的需要。但是生命是完整的，它属于我们整体，生命不是从任何需求而是从我们与无限者的密切关系中涌现，这是在我们灵魂中所拥有的完美原理。

是的，我们必须成为梵，我们不该从这种承认中退缩。如果我们永远不能指望亲证存在着的最高的完美，我们的存在就是毫无意义的。假如我们有一个目标却永远不能达到它，那么这个目标就根本不是目标。

但是，在另一方面，能说在梵与我们个体灵魂之间不存在差别吗？当然这种区别是明显的。你可以把这种区别称为幻觉、无明，或是无论你叫它什么名字，它都存在。你能对这种区别作出说明，但是你不能把它解释清楚，甚至幻觉本身作为幻觉也是真实的。

梵就是梵，它是无限完美的观念。但是我们并不是实际上的我们，我们总会变成真、变成梵。在现实与变化之间的联系中存在着永恒的爱的游戏，在这神秘的深处存在着一切真和美的源泉，它维持着宇宙的无限进程。

在溪流奔腾的音乐中听到这充满欢乐的自信："我将成为大海"。这不是虚夸的自负而是真正的谦卑，因为它是真理，河流不会有其他的出路。在河流两岸有无数的田野、森林、村庄与城市，河流能以各种方法为它们服务，使它们清洁，为它们提供食物，把它们的产物从一处带到一处。但是河流与它们只存在部分的联系，无论在它们中间能逗留多久，终要分离，河流绝不能变为一座城市或一片森林。

但是河流却能够而且已经归入大海，涓涓细流已和平静的巨大海洋产生共鸣。河流在自己前进的过程中流经上千个目标，当它到达海洋时，它的旅程才到达终点。

河流能变为大海,但是它绝不能使大海成为它的一部分和一段,如果由于某种偶然的机会它被一大片广阔的水面所包围,从而自称它已经使海洋成为自己的一部分,这时,我们立刻知道绝非如此。河流仍然要在巨大的海洋中寻找安息,在那里不可能设有界线。

同样,我们的灵魂像河流能变为大海一样,也只能成为梵。灵魂只是在某个方面接触其他事物,然后就分开,继续前进。但是它绝不离开梵、在梵的外面活动。一旦我们的灵魂领悟到它最终安眠时归宿在梵之中,它的全部活动就有了目的。正是这无限平静的海洋赋予无穷的活动以意义,正是这存在的完美赋予变化的不完美以美的特征,在所有的诗歌、戏剧和艺术中都能见到它的表现。

这里一定有一种能激发一首诗的完整的思想,这首诗的每一句都要触及那个思想,当读者读这首诗、领悟到贯穿其中的思想时,阅读这首诗对他来说就是极大的欢乐。因此,这首诗的每一部分都由于全篇的光辉而明显地变得意义非凡。但是如果这首诗冗长地继续写下去,不能表达出全部的思想,只是随意写出一些支离破碎的印象,无论它多么美,最终也要变得令人厌倦、毫无益处。我们灵魂的进步如同一首完美的诗,它一旦领悟无限的思想就会使全部活动充满了意义和欢乐。但是如果我们使自己的活动与最终思想分离,如果我们看不到无限的安息,只看到无限的活动,那么存在对我们只表现为一种可怕的恶,它猛烈地冲向一个无尽的不存在的目标。

我记得在我们的童年,有一位老师,他常常让我们记住整本用符号写的梵文文法，而不对我们解释它的含义。我们日复一日地刻苦学习，但是朝向什么目标我们一无所知，因此对于我们的课程，我们只是站在悲观主义的立场上注视着这世界上没有生机的活动，而看不到在无限完美的静止之地，这些活动时时刻刻都在绝对的适应与和谐中获得它们的均衡。在这种观望的生活中，我们失去了全部欢乐，因为我们没有领悟真理。我们看到舞蹈家的舞姿而听不到使每一种姿势必然地成为自发的和优美的永恒的音乐时，我们会设想这些姿势都是由一种偶然的、残忍的暴行所支配，然而这些舞姿正步入完美的音乐中，并与音乐成为一体，在每一步上都在创造着多种多样的形式作为对美妙音乐的奉献。

这就是我们灵魂的真理，这就是灵魂的欢乐，它必须成长为梵，它的一切行动都将由最终的思想所调节，它的一切创造都将作为祭品奉献给最高的完美的精神。

在许多奥义书中都有一种值得注意的格言："我不认为我充分了解他（神或梵），或者我了解他，或者甚至我不了解他。"

通过认识过程我们永远不能领悟无限者的存在。但是如果他完全在我们达不到的地方，那么，他对我们就是绝对的不存在，这真理就是：我们不了解他，我们也了解他。

对此，奥义书的另一种格言曾经这样解释："从梵的词句和思想中了解梵都将复归于困惑，但是通过梵的欢乐而知梵的人会摆脱一切恐惧。"

理性的知识是不完全的，因为我们的理性是一种工具，它只是我们的一部分，它能为我们提供关于可被区分和分析的事物的信息，理性知识的特性在于能够被一部分一部分地分类。但是梵是全部，部分的知识绝不能是关于梵的知识。

但是梵能通过喜（欢乐）、通过爱被领悟，因为喜（欢乐）是完全意义上的知识，它被我们整个生命所领悟。理性使我们脱离被认识的事物。但是爱，由于结合而了解它的对象，这样的知识是直接的，确切无疑的。这就像了解我们的自我，只能如此。

因此，如奥义书所说，理智绝不能领悟梵，语言绝不能描述梵。他只能由我们的灵魂、由灵魂在梵中的欢乐、由灵魂的爱来领悟，或者换句话说，我们只能通过结合——通过我们全部生命的结合，与梵联系。我们必须与我们的圣父成为一体，我们必须像他一样完美。

但是如何能成为那样呢？在无限的完美中不可能有等级，我们不能一级一级地成长为梵，梵是绝对的一，在梵中不存在多或少。

的确，在我们内在的个体灵魂（antarātman）中亲证最高的灵魂（Paramātman）是处于一种绝对完美的状态中，我们不能认为最高灵魂似乎并不存在，而要依靠我们有限的力量将他逐渐建立起来。如果我们与神的关系完全是我们自己制造的产物，那么，我们怎么会将它信以为真呢？它又怎么会给我们以支持呢？

是的，我们必须知道，在我们心中，有不受空间和时间支配的地方，在那里进化的链条融为一体。在那个我（ātman）或灵魂不朽的住所中对最高我（Paramātman，最高灵魂）的证悟已经完成，因此奥义书说："知梵者是真实的人，是具有完全意识的人，是在灵魂的深处、最高的天空（意识的内在天空）隐藏着无限的人，在他与全知的梵结合为一体中享有所期望的全部目标。"

结合已经完成，最高的灵魂（Paramātman）已经亲自把我们的灵魂选为他的新娘，婚礼已经结束，庄严的祝词已经说出："让我们心心相印！"在这个为了进化的婚礼中没有作为司仪的席位。eshah一词除了被描述为"这个"之外不能有其他的意思，"这个"是无名的直接的表现，它永远存在于我们最内在的生命中。"这个eshah，或者'这个'是另外一个的最高目标"，"这个'这个'是另外一个的最高财富"，"这个'这个'是另外一个的最高住所"，"这个'这个'是另外一个的最高之喜"，因为至爱的婚礼已经在永恒的时间里完成，现在这无止境的爱的游戏（līlā）正继续下去。过去曾获得永恒的人，现在正在时空中、在欢乐和悲伤中、在此岸世界和彼岸世界中被追求。当灵魂新娘充分地领悟这点时，她的内心是幸福的，并且得到了平静。她知道自己如同一条河流已经到达了她生命的一端所汇成的海洋；而在另一端她永远是在到达终点的途中。在一端是永恒的静止和完成；在另一端是不停的运动和变化。当她知道这两端具有不可分割的联系时，此时，由于她领悟到世界之主正是她自己的君主而把世界理解为是自己的家庭，随后她的一切奉献都成为爱的奉献，人生的一切烦恼与苦难她都承担下来。当她成功地经受了这些考验时，则证明了她的爱的力量，从而喜气洋洋地从她爱人那里赢得了保证。然而只要她顽固地留在黑暗中，不揭掉她的面纱，认不出她的爱人，并且只知道这世界已把他分开，她就只能当这里的使女，而她本来有权像皇后一样在这里统治，她在怀疑中彷徨，在悲痛与沮丧中哭泣，"她从饥饿走向饥饿，从烦恼走向恼烦，从畏惧走向畏惧。"

我永远不会忘记一首歌的片段，有一次在早晨黎明时分，我听

到那些参加节日晚宴的人们在喧闹声中唱道："艄公，把我渡向彼岸"。

在我们工作的一片忙乱中，这里传出"渡我过去"的呼声。印度的马车夫在赶他的马车时唱道："渡我过去"，杂货流动商在把他的货物卖给雇主时，也唱道："渡我过去"。

这个呼声的含义是什么呢？我们感到我们没有达到我们的目标，并且我们知道用我们全部的努力和辛苦我们也不会到达终点，我们不会达到我们的目标。正像一个孩子不满足他的玩偶一样，我们的心也在呼唤："不是这个，不是这个"，但是那另外一个是什么呢？未来的彼岸在哪里呢？

除了这些东西以外我们还有什么呢？除了这些地方以外我们还能在哪里呢？是要停止我们全部的工作去休息吗？是要解除全部的人生职责吗？

不！在我们活动的真正内心，我们正在寻求我们的归宿。甚至就在我们站着的地方，我们正在呼唤为了渡向彼岸。所以当我们的双唇发出带我走的祈求时，我们繁忙的双手也从未闲着。

事实上，在你欢乐的海洋中，此岸与彼岸是一个，并且在你身上是同样的。当我称这个（此岸）为我自己的时，这另一个（彼岸）就处于被分离的状态，并且在我内心则失掉了完整的观念。我的心不停地呼唤着另一个，所有我的"这个"和那另一个都期待在爱中完全融合。

这个我的"我"为了这个家日夜操劳，他认为那是自己的家。哎！只要不能将此岸的家称为你的，它的苦难就将没有尽头，还要继续奋斗，内心总要呼唤："艄公，把我渡过去。"当我此岸的家成为你的家的时候，正是在这一刹那间被渡了过去，即使还有古老的墙壁包围着它。这个“我”是不休息的，为了获得，它正在工作，这与它的精神决不相同，它绝不能控制与阻挡它的精神。当它竭力用自己的臂膀拥抱彼岸时，伤害了彼，反过来也伤害了自己，并且呼唤：“把我渡过去”，但是，一旦此岸的我能说：“我的一切工作都是属于你的”，这时一切东西都保持原样，唯有此岸的“我”被渡了过去。

除了在此岸我的家也作为你的家之外，我能在何处遇到你呢？除了把此岸我的工作变为你的工作之外，我能在何处与你结合呢？如果我离开我的家，我将不会到达你的家，如果我停止了我的工作，我绝不能在你的工作中与你结合，因为你完全寓于我，而我也完全寓于你，你没有我或者我没有你就什么也没有。

因此，在我们的家和我们的工作中要提出祈求：“愿把我渡过去！”因为这里有汹涌的大海，这里，甚至存在着有待于到达的彼岸——是的，这里是此岸永久的现在，并不遥远，就在这里。

附录 人

一 人

路总是向外扩展，局限于内则毫无意义，当它伸展到精神现象开始出现的地方时，其重要意义就突出了。当进化过程发展到人的阶段时，它的特性发生变化，其重点从肉体转向精神。生物在维护肉体完善的斗争中存在着无情的竞争，但是在它们的精神上实现联合和完成相互合作已成为可能。而在人的世界里，每一个人都能意识到综合真理，这种真理是精神的，它的组成部分就是人类本身，因此，对于人的最好的表述，即，他不仅代表一种孤立的思想，而且代表能够被一切人所接受的思想。创立一些普遍思想所不能回答的信条和实践，就是我们所说的原始风尚。

从前，人为了追求尽善尽美而注重外部形式，举行各种仪式和礼节，后来，在《薄伽梵歌》中，他宣称：内心所领悟的献祭高于物质的祭品。从基督的训诫里，他得知：纯洁不在于外部的戒律和禁令，而在于内心的虔诚。这是普遍人格在个人心灵中的显现。这种意识的最终表述是：他只知道自己的灵魂亲证的是别人的真理，而别人的灵魂亲证的是他自己的真理。

人已经超越了动物的方面与其思想一起发展，这是一种渴望，既不明显地表现在他的物质世界中，也不迫切需要物质生活，而是属于他的普遍的我。（即大我、最高的灵魂。——译者）

在《梨俱吠陀》中，我们找到了这个宇宙之神（原人）：

“一切众生[①]，占其四一，

天上不死，占其四三。”

他的四分之一存在于外在世界，其余部分以不朽的形式超世间而存在。当一个人付出巨大代价思索全人类的思想，满足许多愿望，赋予每个人以欢乐的形式时，即可证明这点。他的趋势是朝着相反的方向发展，接近时空的细微差别，在那种范围内，他还是一个原始人。

人类的身体是千千万万个细胞寓居的领域，这些细胞各自都具有自己独特的生命，然而却又有接近神秘的统一的奥妙倾向。假如它们具有自我意识，它们将会意识到它们的分离，同时又会意识到他们与整个身体的同一，后一种事实只有通过无法解释的联系的迹象才有可能被察觉，虽然那些细胞确实无法全面、直接地认识整个身体。

因为，这个肉体不仅存在于此岸和现在，也存在于过去和未来。在整个系统中还充满了一种普遍幸福的共同因素，它不能被分解，这就是我们所说的健康。此外，每一个细胞都体现了一种为维持生命的完整而自我奉献的精神。如果我们试图去掌握这个过程的秘密，我们就能知道这些微小的个体最真正的本质集中在我们能够称之为普遍方面的东西上。

① 指诸天鬼神。——译者注

人和细胞一样，他已经在自己内心作了更大的努力，并感觉到他不仅仅是一个个体，他还是一个在精神上与普遍者一致的人，在普遍者的激励下每一个人都跨越了自然的界限，忙于表达自己最终的真理，对于这些表述他赋予真、善、美的名称，这不仅出于维护和丰富社会的观点，而且也为了他自己本性的完善。

让我们设想一个动物在车厢里诞生，成长，并且死亡，这辆火车沿着一条确定的、狭窄的路线向一个固定的目标驶去。动物的头与车厢地板平行，它的视线向下，它不停地寻找食物，并在车的范围内玩耍，甚至在这有限的范围内也存在着很多对立和危险，它的时间都花费在与这些危险的斗争中。它不能把头抬起来像人一样站直，它的视线达不到窗户上面，它在精神上的动力不会使它超出生命安全的需要。

人已经站立起来且发现了前面的窗子，他已经知道宇宙不局限于车厢内，在它外面展现出一排排的远景，如果他对于不能满足直接需要的“外界”保持冷漠，这又有什么关系呢？但是，他无视生命力轮廓分明的版图，而敢于去寻找自己的自由意志，在这胜利的进程中，人天生的本能并不和他站在一边，在这条道路上，他既不知道安逸也不知道休息，数以百计的探索者正在继续不断地开拓这条道路，并且将它展现出来，他们甚至以自己的生命为代价。

由于站在下面，动物把东西看成零碎的和分离的，它的嗅觉和视觉联在一起。视觉感觉相对来说是无偏见的，因而在知识王国中是很重要的，嗅觉的作用却只局限于肉体的机能。动物通过嗅觉和视觉获得对事物的认识，这种认识本质上是为了满足直接的需求。由于人抬起了头，因而他看到的不再仅仅是分隔和孤立的事物，他也有了对多样事物统一和完整的观念，他在不可分割的扩展了范围的中心看到了自己。直立的人更珍视远处的东西，他的思想转向未知的和意想不到的事物，他不仅能看，而且还有已经得到自由的两只手，如果手没有摆脱脚的功能，它们在身体中将处于一种从属的地位，正像受侮辱的属于不可接触的贱民的第四种姓。在人体中首陀罗被提高到刹帝利的身份，人发现手的高贵，它成为头脑的伙伴。人在日常生活中不再是一个全日制的仆人，他忙于实验无法预料的事物，忙于建造没想到的东西，忙着大量无效的事情。当动物能够游戏的时候，它们也有许多闲暇时间，但是在它们的生命中游戏是次要的，此外，它们的游戏也体现了它们生命需要的倾向，小猫的运动是玩捕捉幻想中的老鼠的游戏，小狗在与自己尾巴战斗、嬉闹的游戏中找到了它的乐趣。但是可能被称之为人的消遣、在他的生命中没有实际效用的东西，常常成为首要的，甚至比他日常生活习惯更突出，人在闲暇的时候，到处忙于建立他的乐园——在那里存在着他想象中的庭院。从这里我们推断出：大自然可以控制人的食物供应，人为了身体的缘故可能被迫去满足大自然的索取，但是完全占有的寺院土地是在自然领地之外，在那里，人有他心灵的归宿，那里没有任何君主发出紧急号令的危险，那里最大的职责就是自愿尽义务，这是理想的挑战，人性的挑战，是人在竭力亲证他的普遍本性时对物的贪求的漠视。

在动物世界里，意识的星云在微弱的光线下扩散，这种星云已集中在人身上，并用辉煌的语言宣称："我在这儿。"在人类历史上，正是从那一天起，人们开始以多种形式、多种方法和多种语言来回答这个基本的问题："我是什么？"人的欢乐，人的荣誉就存在于对此问题的正确答案中。人知道自己不简单，在自己身上隐藏着一种奥秘，并且知道当这块神秘的面纱被揭开时，他将最终了解他自己。多少世纪以来，人一直坚持了这种尝试，他创立了无数的宗教和制度，他反对他的自然本能，并试图强迫自己承认：事实上他远比自己表面呈现出的样子更伟大。他还试图在思想上接受最高神的观念，认为神远比自己伟大，自己和神有直接关系。他认为，他正是以他所崇拜的东西证明了他的真理存在于那里。不用说，有些时候在试图回答这些问题时，他想象中的崇拜对象，显示出一种思想，这种思想在理智上是盲目的，在道德上是庸俗的，在美的理想上是丑陋的。这种回答我们认为是错误的。和所有的错误一样，必须用真、善、美的普遍标准来纠正这些错误。

在动物生命的进化中，最初重大的变化是在身体方面，由于它们的体质不能适应环境，许多动物已经退化或消失。在这种演变过程中，当自我意识或“我”在人身上出现时，关于这个“我”的任何错误都会带来并导致比肉体的死亡更大的毁灭。一切伟大的先知都曾做过同样奇妙的回答，说这个错误就在于这种阻挠在非我中认识自我的障碍。人类不断地试图消除这种障碍、发现他自身以外的真理，这种企图体现在他的大多数制度中。

动物生活在地球上，但是人生活在他称之为他的国家里，这个国家不是地理上的而是精神的，是经过长年累月用思想来丰富，用爱来倾注的国家。无数人为了证明在他们之中人(Person)是不朽的真理，经历了痛苦和死亡，而国家正是他们牺牲的产物。不论是什么种姓或什么肤色，他们的思想和成就都属于所有的人，人类生活在一个国家里，这个国家意味着一个地区，在那里每个人都超越他的时空界限而存在，在那里，在与一切时代的一切人的交流中他的知识和努力成为真实的。过去和未来同样都属于普遍的人(World-Man)人类喜欢这样认为：他完美的理想在某些已逝的岁月中早已实现了，这就是为什么我们发现几乎在所有民族的神话中都幻想黄金时代是在过去的缘故。这些传说表达了人类的愿望，即在时间发端之前确立的东西，将随着时间的无限流逝不断地经受考验。尽管人不再承认黄金时代是在过去，但是在他为了追求美德而进行的全部奋斗中仍然有一种黄金时代将在未来的殷切期望。一个人可能是一位无神论者，然而却不乏这样的实例，即，他不认为牺牲他的现在是一种损失，只因为他觉得在尚未实现的未来，他会生活得更真实。

超人的主要方面还未显露出来，使他显露出来的希望一直寄托在未来。超人来了，他的马车正在移动，但还没有到达，参加婚礼的人们不断地聚集，人们等候了很长时间，有人听见远处传来了新郎行进的乐曲声，使者们在艰难的道路上走上前去迎接他，并把他领到了筵席上。人对于无限未来的这种迫切追求从不计算生命的代价，他对不确定性和不可企及领域的探求最终必然是无止境的。人在危险的道路上一再遇到障碍，他不断发现自己遭受挫折，但他仍然不能放弃他的探索，这种坚忍不拔的精神或许只能被称作疯狂，但是人却将它称之为伟大。我们发现人的心灵不断地被尚未获得的完美意识所吸引，就像暗室中的植物朝向墙外的阳光自然地生长。这光是真实的，如果这种不断放射出完美的吸引力的光源不是真的，那么，人们的思想、他们为了净化超越和高于实际生存需要的精神而从事的工作，就全部变得毫无意义了。在我们的决心中、在我们的冥思中、在我们的理想中,我们时常获得这种真理,在痛苦的成长中,在死亡的荣誉中,我们证悟了这种难以表达的尽善尽美的精神,它使我们的认识摆脱了狭窄的根基,并在更广阔的范围内赋予我们自由。否则,烹调技术比原子科学更容易被人接受,今天人类最终的物理分析已能用数学符号来表示,以前,人曾认为光的理论不可理解,他曾做了奇妙的说明,即以太中的振动被我们感觉为光,在我们视觉的范围内显示出一切物质事物的光,结果变成了我们完全不能理解的某种东西的显现,通过实验我们只知道不同频率的波形成光,现在进一步得知只把光称为辐射波并未对光的本质作出完满的说明,它还辐射微小粒子,所有这些矛盾的叙述都超出了人的普通理解力的简单语言范围,但是人并没有被不可理解的深渊吓倒,他宣称这面石墙里将有许多电子不停地冲撞,却从不怀疑他或许成了精神病患者。人从未想过在精神的竞技场上或许理性是一位杂技演员,它的职业是使一切事物完全颠倒。如果动物被认为在判断力上超过了人,它们将把人刻画为天生的精神病患者。事实上,人类科学已经证明所有的人都是受普遍痴呆所支配的动物,它怂恿他们说:事情根本不是像它们所表现的那样,而是恰恰相反。动物从来不这样诽谤自己,就它们的本能来说事物就是它们本来的样子,换句话说,对于它们来说只存在着事实,它们的世界范围被限制在它的表面,它们的全部职能都在它的底层。

正像其他动物实际构成人的资源一样,人的财富在于真理,拥有财富的最终目的不是为了满足需要,而是传播光辉的思想,这就是为什么人宣称"在少量中没有幸福,幸福在于巨量"的原因。

归根到底，这些都是一位败家子的话，他告诫我们说：当我们的需求在程度上与我们所拥有的东西一致时，这是值得庆贺的事。在英语中有一句格言，即满足就是盛宴。我们的圣典也告诫我们：追求幸福的人必定会满足。

这样，我们似乎遇到了两种矛盾的叙述，即幸福在于满足和幸福不在于满足。形成这种明显矛盾的原因在于人的生命中有一种基本的二重性，在人属于动物生命的方面，满足他的需求就是他的幸福，但是在他内心，动物的人要上升到普遍的人（World-Man），他不再只要求幸福，而是要求某些更伟大的东西，他要求宏伟，这就是为什么在所有的动物中只有人是狂妄的原因。他要求很多并给予很多，因为在他放纵的内心存在着无限者，这个无限者既不渴望获得幸福，也不惧怕痛苦，这个无限者毁坏了人们建立起来的舒适的庇护所，并不断地号召人们一定要建立一座很难设计的建筑物。在我们当中会有渺小的人嘲笑我们在无望的追求中浪费了我们的实体，但是他的嘲笑是徒劳的。

在奥义书中有一段关于最高神的问答："最高神的位置在哪里？"回答是："在他自己的荣耀中。"这荣耀就是他的本性，而他的本性就是他的欢乐。

人的欢乐也在于他的荣耀，这就是为什么说幸福在于巨量的原因。但是这种拥有荣耀的本性只有通过人的努力和斗争才能实现，只有经历巨大的痛苦才能衡量出幸福的真实。在人的自然状况和他的真正特性之间存在着持续的张力，这就是为什么宗教的道路，即由人的内在本性所支配的这条道路，被称作难以逾越的道路的原因。

动物的本性适合它的状况，它的要求永远不会超过它应得之物的范围，但是人则不同，从本性上说人提出的要求远远超过它应得之物的范围。分配给个人的份额能被固定，但是却无法限制人可能提出的额外要求。人从他分得的份额中找到维持生命的食物，但是展现他的荣耀是额外的一份。甚至在维持他自己的生存方面，人也要求很多额外的东西，他必须体面地活着，为此，他的食物必须是不平常的，他的衣、住仅仅维持于最低限度的需要是不够的，它们也必须显示出他的伟大，显示出与人相称的某些东西，而且他生命活动的绝大部分是从事于超越消极生存的范围，在消极存在的范围中，只能满足生活需要，绝没有盛宴。人对于呈现在他的感官面前的东西，对于呈现在他直觉面前的生活的表面现象，存在一种固有的怀疑。因为，人本身不是浅薄的，他意识到在自己内心深处存在着他称之为真理的某些东西，这些东西通常与似乎是事实的东西相对立。

钻木取火，如果人类的理智已经接受了火因摩擦而产生这个最起码的事实而不进一步探究，我们不能因此而责备他，它不为人所知道，是因为没有东西需要知道，这是一种不容置疑的恰当说明。但是人在他知识的范围内必须有额外的东西，这额外的东西，至少暂时是完全不需要的。人就像一个儿童那样反复地发问："为什么摩擦产生火？"这样，智力就开始了它乐于从事的工作，也许最初的回答是幼稚的，他也许会说在树木里存在一种无形的愤怒的精灵，当它被煽动时，它的狂怒就燃烧了。人类的神话就充满了这样的答案。那些智力发展还没有超过一个儿童的人会永远坚持这种答案。但是尽管愚昧容易被满足，人的探询还是打破了全部障碍，并且缓慢地向前推进，其结果是，为找出“火为什么燃烧？”这个完全无用的问题的答案，他所花费的力气并不比他花在厨房里点火的气力小，也许他在这样探索的时候，使得食物还没有做好，火已经熄灭了，虽然饥饿的剧痛变得越来越强烈，但是他仍然坚持自己的问题，“火为什么燃烧？”他面前的火不能给予任何回答，只有远在经验事实之外才能找到答案。

这种奇怪的智力的莽撞，在它打扰人本身并追问“你是谁？”的时候变得最清楚，它甚至毫不犹豫地告诉人们：“你可能认为你存在，但是你果真如此吗？假如你存在，你的实体在哪里呢？”我们先引证《阿闼婆吠陀》对这个问题的回答，它说：在这里能直接看到人类本性的一个方面，但是却看不见它的另一个方面。

让我们来清楚地理解这点：

这里是土地，这里是水，这里是这个，这里是那个，用同样的方式我们完全可以指出客体，并且对于这些客体可以用代名词“这个”来表示。我们能够清楚地理解和认识一切客体究竟是什么，对于这一切客体我们都能指出并说“这个”，它是水，它是土地，它是这个或那个，否则我们不能正常地生活。但是同时人声称：“知道那个”，“那个”是什么呢？“那个”不是我们能用“这个”限定的东西，它是一个事实的简单的说明，即“我听”，然而人始终坚持它的最终分析将把我们带到代名词“它”不能企及的地方。人像着了魔一样追问：“这个听的听觉在哪里？”他的物理学研究将他引导到空气中的振动，但是甚至在这里我们也有代名词“这个”，我们有“这个振动”，但是这个振动不是听觉，我们要达到他说的“我听”，而那个我的真理依据的是什么呢？

一块石头从上面掉下来，守卫智慧之门的警卫报告了这个消息：石头掉下来了。关于它向下的引力是明显的。这里门卫的任务就完成了。但是从院内，喊声传出来："超越所有的物体下落例子，只有一种引力遍及整个宇宙。"

要认识这个多中之一，就是奥义书所说的，在每个特定概念中认识作为真理的独一无二的一，同样，这独一无二的一，这最终的听觉的真理，是由每个特殊的听觉经验——包括你的和我的，过去的和现在的——宣布的，它是整个宇宙的，这就是听觉的真理。关于它，奥义书说，它不同于我们知道的一切，也不同于我们不知道的一切，甚至在物理学中，我们不仅不能使它隐藏的一些奥秘和我们的直接经验一致，而且我们还不得不承认这些奥秘与直接经验刚好相反。

人对自然中隐藏的力量的发现和利用有助于他的幸福，构成他的灵魂幸福的真理也是隐秘的：只有通过努力才能够亲证它，人们把这种努力称之为精神修炼。

法(Dharma)这个字的根本意思是本性，通过努力，通过修炼才能证悟一个人的本性，这样说听起来像是自相矛盾：这似乎像通过对本性的超越来发现本性。基督教的《圣经》已给人的本性定了罪，因为它有原罪和不服从；印度圣典也规定：为了亲证我们心中的真理必须抛弃自性，人已经不管他的本性是什么了。

据说："在人类的本性中有令人满意的东西，也有有待改进的东西，智者保持这两者的区别。"

"接受善的人是纯洁的，接受恶的人缺乏其真正的价值。"

我们把这些陈述视为通俗的道德格言，我们认为它们只有作为人类行为的准则才有价值,但是这些格言对人的社会行为的影响不是绝对的,它只是探讨我们如何能真正地认识灵魂。

在人类的本性中希望满足我们的动物本能的愿望是积极的,但是人类本性中也有努力行善的趋向,这是应该期望的。人接受了善并不能增加他的财富,但是能使他成为重要人物,他被称为贤哲(Sādhu),这不会使他富有,不会使他有势力,或许可能,或许不可能给他带来社会荣誉,实际上很可能受到凌辱和轻蔑,在自然的王国里对善的完全理解是不可能的。另一方面,接受恶也使人成为另外的重要人物——奥义书称这样的人为“缺乏人的真正意义”。当一个人与罪恶联系在一起时我们按照人的名义所理解的真理就被贬低了。善在于实现自身普遍的、永久的人性,堕落就在于没有实现普遍的人性。除非人有一个超越并凌驾于物质的我之上的精神的自我,否则这一切都将是毫无意义的。

人类的努力力求从一种本性上升到另一种本性,只有当他的探索超出个人的倾向时,他的科学才被建立在普遍知识上;只有当他的努力使他超越了全部个人的兴趣和通常习惯的惰性时,他才能成为一位“世界工作者”;只有通过他与万物的联系,他的爱胜过对自我享乐的追求时,人才能变为一个大我(Mahātma)——一个伟大的灵魂。人的一种本性使他失色,另一种本性给他以自由。

天文学家观察到一颗行星偏离了它的轨道,他深信不疑地断言:这是由于某些未知行星的引力。人们注意到:人的思想也不是沿着为了保存生命的本性所规定的路线而活动,它朝向未确定的、超越的路线偏离,这就使人幻想出精神王国,人断言各种命令都是来自精神领域,他生命的中心就存在于那里。人们为了断定谁主宰那个王国而争论、决斗，不管他是什么人，不管我们能够给他什么名义，他不能让人停留在动物生活的界限内。

大海是不平静的，潮水不停地涨落，海洋的不平静本身证明了月球的吸引力，即使它是看不见的。甚至新生婴儿本能地知道：他的饥饿是不容置疑的，而外部世界的食物也是真实的。人类毕生的努力常常被引向那些无论如何与他直接的肉体需要无关的东西，一个超越了死亡的生命将把人引入冒险的道路，这不是为了自我保存，而是为了永垂不朽的缘故。

在吠陀语言中，最高神被称为 Avih，这意味着他的本性是显现，关于他，据说——他最大的光荣是他的名誉，他的真理就在于伟大的表现。人的本性与此相同，灵魂的光荣也是显现人维持他的生命是通过从外部摄取食物，灵魂显现是通过自身的倾诉，并超越本性的界限。甚至野蛮人为了自我炫耀，也用他们的方法试图超越本性，对于他来说炫耀自己就是他的真理的显现。他刺穿自己的鼻子并插入一根小棍；经过一个痛苦的过程他磨尖了自己的牙齿；他把婴儿的头颅平放在木板之间使它变形；他制作奇异的袍子和丑陋的装饰品，并忍受着极大的痛苦和不适将它们戴上，在所有这些举动中，他试图表明他内心隐藏的东西比他通常的表现更伟大，人的这种伟大的自我与自然是对立的，他作为理想来颂扬的最高神同样也是奇怪的。然而，大自然的骄子——人具有这种战斗的，总是向自然寻求挑战的姿态。这里，在印度，我们看见一些人，有的把臂举起来，有的睡在布满荆棘的床上，有的头朝下悬挂在烈火上，他们以这种方式来宣称他们的优越和圣洁，只因为这些方法是违背自然的。在现代欧洲国家里也有很多人以经受不必要的困苦而自豪。这被称为空前的，打破了纪录，他们当中的绝大多数人的行动是为了美化违背自然的东西。一只孔雀为自己是孔雀而感到自豪；凶猛的动物在它们暴行的成功中抬高自己。但是人引以为自豪的是：在炫耀和夸张中，他比在日常现实中更真实。

在经济领域正像在物理领域一样，不存在对人的设想的限制。这里也打破了纪录，意味着越过了历史上曾经设置的全部障碍，确切地说在这一领域的努力完全不是为了违背自然，毋宁说是为了不同寻常，这里我们发现了有限的希望，但是任何物质的和外在的事物，都必然受它内在本性的限制。这些限定能够被扩大，但是它们不能被超越。耶稣曾经说过：正像骆驼无法从针眼里穿过一样，富人也难以进入天国，因为富人习惯于通过某些有限的东西来亲证和显现他的人性。人并不认为像大象一样庞大就是伟人，尽管某些野蛮人可能这样认为。

在自我世界里，人自夸他的庞大，但是在他的精神寓居的世界里，他的完美在于伟大，这种伟大是不能用尺度来衡量的。美和卓越，英雄主义和牺牲精神都显示了人的灵魂：他们超越了孤立的个人而亲证了普遍者，这个普遍者寓于每个人的内心。

在人周围，其他生物漫游着，在寻找生活资料，而人很久以来却一直寻找内心深处的、给予他内在含义的唯一者（One），这表明人是伟大的，他必须证明在自己内心寓居着不朽者、普遍者，这个普遍者超越了死亡界限。当我们在认识和情感中领悟了真理时，我们就与我们内心的这位寓居者获得了一致。人的一切不幸都是因遮蔽了内在的人而引起的，因为我们只通过各种外部形式寻找他，对我们的自我陌生冷淡。因此，我们就会在金钱、名誉和物质享受的手段中寻求自我。有一次，我听到一位游方僧吟唱某个人的悲痛，那个人精神崩溃，内心失去了永恒者的抚爱，他唱道：

我将在哪里找到他？
他是我心中的人，
因为我失掉了他，
为了寻找他，
我漫游在陌生和遥远的土地上。

正是从无知的村民当中，我听到了这行诗：你内心深处存在着深不可测的海洋。这句诗和布罗(Baul)唱的歌是一样的，歌词是：在你内心深处去寻求内在的人。这和奥义书中寻求神的祈祷词也是一样的，祈祷词说：愿他在我身上的显现全部实现，他的本性就是自我展现。

二　超人

科学家对于铁块的秘密解释说：它只是电子的不停运动，这种运动有特定的规律。在这个体系中，它们之间的间隙很大，与它们的大小成比例。如果我们的肉眼能看到由科学观察所发现的东西，那么，正像在人类社会中的许多个体一样，我们将会看到许多不同的分散的粒子。无论这些粒子是多么不同，然而，有一种力——让我们称它为一种力——在它们当中起作用，这是一种联系力——铁块的共同力量。当我们看见铁块时，我们并没有看见大量的电子，我们看见了这个块，事实上，铁可见的外观是一个符号，它不是最终的样子，这好比我们得到一张 10 卢比的票子，他确实知道，他一见就认出这张纸是代表10个独立银币联合的符号。

我们看见铁块是铁，然而它只不过是揭示不能被肉眼看到的神秘的精神联系的一种物质符号，同样，在每个人之间的时空差别是很大的，然而也存在一种包括一切人的广泛的和奥妙的联合，这种联合是感官难以察觉的，这不是数字相加的联合，因为它超越了一切总和。有些人具有杰出的能力，他们能够在自己心中感知存在于人人心中的唯一神(Sprit)，这些人就是我们称之为具有大我或伟大灵魂的人，正是他们能够为所有人的利益而献出自己的生命，正是他们能唤起人们内在和外在的广泛精神，并且说：

这种精神比儿子更亲，比财富更可贵，比其他所有的东西都高尚，它是我们内心深处的精神。

科学家谴责这种陈述，他说：我们把人性归功于最高神，把它称为我们所爱的人。我回答说：这不是把人性归诸于神，而是要亲证人性，正是由于发展了人类真理的崇高意识，人才获得了他的最高神。因此人类的心灵不能反对把人性归功于神，如果这样，就完全错了。人并不把光的性质归诸于以太的振动，他把振动本身视为光，并这样运用，而且当这样用的时候并没有受骗。

在人的直觉实体之外，还有终极世界的存在，正像除了太阳系之外，还有恒星领域一样。但是重要的是太阳系，因为地球是它的一部分，太阳的热辐射是地球的精华，而且支配地球运动和昼夜交替的也是太阳的关系，我们有恒星领域的知识，但是用我们的身心充分了解的是太阳系。同样，宇宙是最伟大的，对我们来说它只是一个认识对象，而人类的伟大之处在于使我们的全部身心和特征臻于完善。

但是甚至在超越个人的世界里，我们也不能找出善与恶、美与丑的差别，关于那个世界除了它存在这个事实之外，没有更多的东西能够奉告，它受人类认识的局限，因此通过对它的了解，我们意识到自己意识的扩展并因此而感到高兴。我们所了解的这个世界，或者有时通过科学实验希望去了解的这个世界，本身是人类的世界，只有人基于他内在的理解力和理性，以思想的形式才能去领悟这个世界。构想出一种能够感知那个超越数学计量范围，存在于未知空间的世界的思想，这是可能的，但是我们如何称呼人类之外的这个世界呢？只有当人遵奉他固有的思想原则时，才能发现这个世界的基本真理。这就是为什么现代科学家将这个宇宙描述为一种数学思想产物的原因，但是甚至这种数学思想也没有超出人类思想的范围，如果它超出了人类思想的范围，那么，我们就不能抨击众所周知的关于世界的科学理论了，正像永远不能认识它的狗和猫一样。

他（神）是有限的实在（有属性的梵），它的真正特性在我们的经典中被定义为“属性是一切感觉的来源”。所有属于人的外部和内部机能的特性在他身上都有细微的迹象。这句话的真正含义是：对于我们来说是最终真理的就是人类的真理，这就是为什么说我们所认识的这个世界，必然是人类世界的原因。即使在这之外还有任何其他的世界，对于我们来说，它也是不存在的，不只是今天，而且是永远。

灵魂与灵魂之间的关系我们称为爱，这种爱是最深沉、最真实的，我们与物质世界的实际交往是通过感觉，但是我们对精神世界的真正理解是通过爱。人在他双亲的爱中，从他诞生的一瞬间就与精神世界开始了交往，这里我们发现了无限的神秘性——难以形容的联系可以提出这个问题，作为父母身份的真理，它的基础在哪里呢？必定在他（神）那里，他是最高父亲，他包含了所有父亲的父性的完美。我们能够通过外部观察来了解我们生长的这个世界的各种特性，我们只能在自己精神的深处去领悟双亲身份的神秘性。正是在心灵深处，我们亲证了最高父亲。这位最高父亲并不寓居于任何特殊的天堂，也不会在任何特定的时间或国家的历史中发现他。他从来没有，也永远不会把自己表现为特定的个人，而是将他的爱扩展到超出人类的过去和未来，并且渗透到整个人类世界。

我们听到人类的最高神说：

无论是壮丽、美和卓越，都来源于我自己神力的一个方面。

在宇宙中有许多伟大和渺小的事物，就微小的实体而论，它们都有同样的价值。从纯粹现实性的观点来看，在莲花和泥土之间是没有好坏区别的，但是人在他的头脑中却有一个价值标准，这种价值标准既不是由需求来判断，也不是通过大小或尺度来衡量，在人身上有一种超越所有数量标准的完美观念——一种使内心深处满足的意识，这就是人所说的卓越的含义，但是我们发现对卓越的见解是不一致的，那么，我们怎么能说这种卓越是建立在一种非个人和永恒的真理之上呢？这种真理寓于普遍者心中。

我们知道一切科学真理都经历过无数的错误，事实上，错误是多，真理是一，错误是个人的，真理属于大家。天文学家要求用望远镜去观察恒星，但是他要克服许多障碍。在我们天空中有地球的尘土，有环绕着的大气，有雾幕和周围的多种干扰，仪器可能有不足之处，而且观测时心灵也会被先入之见的阴影笼罩。只有当一切障碍——内部的和外部的——全部被克服时才能获得纯粹真理。

承认对于纯粹真理的认识是普遍精神的表现，这是容易的，但是对于我们是否能用美感体验去认识普遍精神，这种怀疑是可能的。当我们的欢乐感经常随着国家、时代和个人的变化而变化时，如何能有绝对的美的标准呢？可是，当我们观察漫长的人类历史时，我们发现所有时代的所有艺术家在判断艺术美的价值上思想倾向是一致的。大家都承认：并不是所有人都能在一件艺术作品中找到完满的欢乐。很多人对美视而不见，他们的个人偏爱与普遍的鉴赏能力相悖。在人们当中也有许多人生来就对科学无动于衷，他们对于世界的概念是混乱的、互不相干的和互相矛盾的，因为他们的思想带有偏见，由于个人的偏见而不同意别人的看法。然而他们对自己极端错误的观点是如此自负，以至于不遗余力地维护自己的学说。同样，世界上并不缺少生来就缺乏鉴赏力的人，就他们的情况来说，意见的分歧也是危险的，我们不能追求认识的普遍完美，只是因为天生的愚笨程度不同，从最低到最高层次的各种多样性也不同。关于美的观念也是如此。

罗素在他的一些著作中曾表明贝多芬的交响乐不能被认为是普遍精神的产物，因为对于他来说它们是属于个人的。罗素的意思是：一部交响乐不像一个数学真理，数学真理是所有心灵的对象，只有当它形成定理时，才具有个人的思想。但是如果承认每个人都应该欣赏贝多芬的作品，也就是说，如果没有天生的心灵缺陷，当经过适当的训练排除了无知和不习惯时，每个人都应该欣赏

大轨道旋转。在人类社会不管发生什么事都显示出这两种倾向：一方面财富和权力的工具在个人利己主义的驱使下被积聚起来；另一方面，在普遍者的激励下，人们在行动和欢乐中相互联合起来，并且为了别人而牺牲自己。

几年前，曾经有一篇报道发表于伦敦《泰晤士报》上，我是通过美国的《民族》周刊知道的，不列颠空军在阿富汗默罕苏德村(Mahsud)上空被摧垮，一架轰炸机被击落，有一个阿富汗女孩将飞行员领进了附近的山洞，并且想保护他们，村长(Malik)守在洞口，这时有40个战士挥舞着刀突然向他们进攻，但是村长劝阻了他们。在这段时间里空中一直在投炸弹，人们都挤在掩蔽的山洞里，后来邻近一些村长和毛拉(宗教首领)也提出要帮助英国人，一些妇女为他们提供食物，最后终于将飞行员假扮成默罕苏德人，把他们带到了安全的地方。

从这件事中，我们发现人类本性的两个方面以它们最极端的方式展现出来：在飞机投弹的时候，我们看到人类力量惊人发展的例子——从地面到天空暴力的巨大膨胀；但是，宽恕和保护制造死亡的敌人，则显示了人性的另一个方面。杀死敌人的这种自然的本能是人类的动物本性的驱使；但是人超越了动物本性，并且发出了奇怪的命令：宽恕你的敌人。

我们的圣典规定：在战斗的时候，驾驶马车的人不应该攻击不在战车里而在地上的人；他也不应该杀害软弱无能的人；或一个恳求者；不能杀害一个坐着的或散开了头发的人；也不能杀害恭顺地提出投降的人；他也不应该杀害睡着的或没有警戒的、赤裸的或手无寸铁的人、一个旁观者或平民；或正与别人交战的人。他应该记住善的教诲，并且严禁杀害被缴获了武器的人、受悲哀折磨的人、受伤者或被惊吓的人。

我们曾经听人说："不要以恶还恶"，不管一个人的行为是否符合这种原则，他绝不会像对待疯话一样一笑了之。在人类的生命中，我们只是偶然地发现与这个原则一致，而通常我们碰到的是它的反面，换句话说，这种真理单纯在数目上很难看到，但是它已为世人所公认，那么，人能够亲证真理的这一方面的基础存在于何处呢？让我们看看人对这个问题曾做过什么回答：

> 精神抑制了罪恶，并且专心治善的人，才能领悟一切，这样他才知道什么是本性，什么是过失。

只有当人抑制了罪恶并且为了一切人的利益而工作时，人才领悟了他的本性，这就意味着在人们当中只有伟大的人才懂得人类的本性。他们如何认识它呢？

用一颗真诚的心，他们能领悟一切，而真和善就在一切之中，当人抑制了罪恶（这种罪恶来源于他的本性，因为受利己主义的限制），他才能认识自己的全部精神，到那时他就领悟了自己的本性，他的本性并不是只关心个人，它还关心他，《薄伽梵歌》说："他就是人的人性。"

以上我们所说的一切关于善和恶的问题，并不是从维护社会的观点出发的。法典是建立在赞扬和谴责的牢固基础上，是社会为了维护自己而颁布的命令和禁律，它对真理的永恒原则只给以次要的地位，而维护传统的社会是法典的首要目标，因此我们得知将纯粹的宗教真理引入社会是有害的。人们常说普通人很愚笨糊涂，要使他远离罪恶，如果需要，无论如何，他必须保持他的幻想，用虚构的恐惧或希望，使自己恐惧或得到安慰，总之，要永远像对待一个孩子或一头牲畜那样，这种幻想用于社会，同样也用于宗教团体。过去曾流行的见解和习惯，甚至在后来的年代也不愿意放弃它们的权利。在昆虫世界，我们发现一些无害的昆虫伪装成可怕的样子以保护它们自己，社会法则也一样，它们试图将自己装扮成永恒的真理以使自己强大和持久，一方面，它们有虔诚的外表；另一方面，有在来世受苦的恐惧。各种各样严厉的、有时是不公正的社会惩罚手段以地狱的威胁迫使人们盲目地遵守不必要的法规。印度的安达曼群岛，法国的德维尔群岛，意大利的利帕里群岛，都是这种基本观点在政治领域中的象征。内心的真理是真理纯粹的法则，人为的法则不能以同样的节奏运动，那些把真、善和人性尊崇为人的最终目标的人们几个世纪以来一直在同这种态度进行斗争。

将善的价值估计得和社会或者同国家一样重要，这不是此次演讲的目的。我要讨论的是人接受这种真理的基础，讨论真理存在于哪里。在许多与社会和国家利益攸关的领域里，在日常行为中，我们发现了对这种真理的反驳，而人依靠自知之明，已经将最高的地位让给了这种真理，称它是自己的法(Dharma)，法就意味着人的最终本性。关于善的概念，虽然不同的国家、时代和个人，有着不同的见解，然而所有的人都以行善为荣。我曾经讨论过人的宗教本性的含义，“它是”和“它应该是”的冲突，从人类历史一开始就一直激烈地进行着了。在探讨这种冲突的原因时，我曾经说过，在人的心灵中，一方面存在着普遍的人；另一方面存在着由于追求私利而受到局限的动物的人。人们试图调和这两方面的企图在不同的宗教体系中，以不同的方式表现出来。否则，在生活的法则中能够奏效的只有优势和劣势，欢乐和不愉快，而罪恶和美德，善和恶都将毫无意义。

一个人在他个人精神上所感觉到的痛苦和愉快这种事实，在普遍精神中是否也能感觉到呢？这个问题已经提出来了，如果我们仔细考虑就会发现，在个人范围内的愉快和痛苦已经转到普遍精神的范围。那些为了真理，为了国家和人类的利益，而献出自己生命的人，那些把自己和广阔的理想背景联系起来的人，就会发现，对他来说，个人的幸福和不幸已经改变了它们的意义。这样的人很容易放弃他的幸福，并且通过承受痛苦而超越痛苦。在追求私利的生活中，愉快和痛苦的精神负担非常沉重，但是当人超越了自我利益时，他感到他所忍受的这种负担是如此地轻，以至于当他面临最大的痛苦时，他都可以忍受，尽管受到难忍的侮辱，他都报以宽容。这样的人对我们来说似乎就是超人。

当乐器正在调音时，噪音也变得明显。但它们不是音乐本身的一部分，噪音刺激我们，而如果它们不是这样，我们就不会在我们所追求的和谐中有所进展，这就是为什么我们称无限者为楼陀罗（Rudra，暴恶）或恐怖的原因——他吸引我们沿着不和谐的痛苦的道路走向自由。

奥义书宣称：

他是这个（即人）的最终目的，
　最宝贵的财富；
他是这个（人）的最终世界，
　最大的欢乐。

这里，我们有他和这个的二元性，也就是指在个人内心并超越了个人的人和个人，奥义书说：他是个人的最终目的，最宝贵的财富，最终的归宿和最高的欢乐，换句话说，人之完美寓于他中。

他不是纯粹的抽象，他是内心意识的直接对象，正像我称自己为自我一样，当我虔诚地向往他时，我在他那里找到了我的欢乐，这是我的自我意识的扩大、加深和向真理的扩展，它超过了我狭窄的存在界限，正是这个伟大的他，要求人追求尽善尽美，通过努力斗争，从虚幻达到真境，从黑暗达到光明，从死亡达到永生。

这种要求永远不允许人停止在任何一点上，它使他成为一位永久的旅行者，那些疲劳不堪和筋疲力尽的人们，他们离开道路，建立起自己永久的归宿，实际上，是建立起自己的坟墓。动物有自己的巢穴，但是人已经踏上征程，在人们当中那些最伟大的人就是道路的发现者和开拓者，无限者这种称呼的魅力已经将人引向了他们所寻求的难以到达的道路，在人的旅途上，帝国兴起又衰亡；财富积累又消失；人类为了使自己的愿望获得形式而塑造了许多偶像，然后又将他们打成碎片，正像童年结束时弃之不顾的儿童玩具一样。他反复地试图制造具有魔力的钥匙，用它去打开大自然的宝库，接着他又完全抛弃它们，重新开始寻找通向它的深处的秘密道路。在人类的历史上一代接一代，人不断地继续着他的无止境的探索，这不是为了满足他的物质需要，而是为了尽一切可能力求在人类世界中展现出普遍的人，从他自己建立起来的粗糙的障碍物中去挽救他自己内心深处的真理，这是一种真理，比他积累起来的全部财富更伟大，比他所有的成就更伟大，比他一切传统的信仰更伟大的真理，它既不知道死亡，也不知道退缩。人的错误和失

败是很多的，任它们在他走过的道路上毁灭吧！他的悲伤和痛苦是无限的，但是它们标志着他正在顽强不懈地去砸碎被禁锢的思想束缚。如果在神的启示下，不断催促人在智慧和爱中，与引导他的心灵和思想进入万有真理中的神实现更伟大的联合，不具有永恒的意义，那么，即使在短暂的时间里，有谁能经受住这一切斗争呢？在人们中间谁能找到安慰，在什么地方为他找到归宿呢？人类生命的唯一目标是奉献自由和得到自由，支配生命的这种自由是值得花代价的。

三　我是他

在《广林奥义书》中，有一首值得注意的诗：一个将最高神尊崇为存在于自身之外的神的人并不了解自己，他就像从属于众神的一只动物。

这样的阐述可能会激起愤怒的抗议。难道人要崇拜他自己吗？在自我崇拜时他可能去牺牲自己吗？既然如此，整个的崇拜过程就变成了单纯的自我主义的扩大。

真理完全相反，表现自己是动物一致的特性，而能够认识无限(Bhuma)的只有人，在无限中，人的灵魂才能从自我中被分离出来。将个人的神寄托在外界，并通过传统的仪式、所遵循的禁令和戒律去崇拜他，那是容易的，但是当我们必须证悟和认识在我们自己思想和行为中的普遍的人时，困难就来了，因此说：

“软弱的人们不能获得永恒精神的真理。”

“在我内心的是具有伟大灵魂的人，是超越了时代、死亡和不幸，超越了饥饿和干渴的人，他在思想和行为上是纯真的，我们必须寻求他，我们必须认识他。”

对他的寻求和认识不是在自身之外去寻求和认识，而是通过转化去认识，通过人内在的真正本性去接受。

鉴于人在本质上是一种精神，这种联合的原则适用于他生活的一切方面，他必须使自己与他的家庭一致，而且在他为家庭尽义务时不能无礼；母亲与她的孩子在精神上是一致的，否则她将变成一个女仆；当我们的政府不是异己的，当它代表我们自己的意志时，那么，在我们同它的关系上我们就免受羞辱。再以我们印度哲学来说，只有在我们的精神同神一致的情况下，我们才能获得人的尊严，因为这是真理，人永远不会是“从属于众神的一只动物”；真正的自由不在于分离，而在于这种深奥的完美的结合。

我曾经说过：人通过克服个人的特性和偏见获得对事物的认识称为科学，它是有价值的，因为能被所有人接受。同样，人心中的超越自身利益的自我能在与万物的联合中找到它的无限真理，使它的行为变为普遍的行为。孤立的自我的作用是束缚，普遍的自我的作用是自由。奥义书曾说过：“个人的灵魂与最高的灵魂相结合，则无所不在。”

这就是我们必须证悟的精神自由。

众所周知，已被我们的圣典所承认的真理是：“我是他”，听起来好像是一种奇异的自我主义，但是并非如此。它没有夸大被分隔的小我，而是表达了包括一切人在内的伟大灵魂。“我是他”这句话，带来了最高统一的真理的信念，这种最高统一的真理有待于个人去证悟和证明。

由于人的感情在中间起作用,将"我是他"的认识分裂为二重性,并不相称地扩大了自我。因此奥义书说:"不要妄想",贪婪诱惑着世人,使他变成一个世俗的人。适合于人类的享受是与大家共同均分的享受,它是普遍的,它表现在人类的艺术中、文学中,表现在他的社会活动中,和他的爱的殷勤款待中。因此我们的圣典说:"客人是神圣的。"因为到个人家里的来客代表普遍的人,他把家庭的界线扩展到世界,假如这种邀请被阻挡,那么,甚至对于王室来说同样也是吝啬的。在这种好客中存在着"我是他"的哲学,就是说,我和他结合在一起,他是我的,并且他比我更高。在我们的国家中,有一些隐士,他们在生活中将"我是他"的哲学变成极端的懒散惰性和麻木不仁,他们为了超越动物生存的界线而折磨肉体;他们自以为是地否定和超越人性,放弃独立的人的职责;他们抛弃执著于物质的自我;他们也无视与所有的灵魂结合在一起的灵魂;他们称为无限的并不是奥义书中的伊莎(Iṣa,神),伊莎寓于万物的统一中,他们的无限脱离了其他所有的人,因此没有行动的责任;他们不认为他就是人类中的人性,他就是大我(Mahātma)和创造一切的神(Viśvakarma),在他来说工作不是局部的,而是世界的工作。

人曾经是野蛮人,他曾经生活在动物阶段,他的心灵,他的工作,都被局限于肉体生存的界限之内,因此,他曾经像"从属于众神的一只动物",他像奴隶一样害怕众神,并试图用奉承和符咒乞求他们,却忘记了他自身中的神性。当他的心灵受到启发时,他觉醒的意识沿着生活广阔的道路漫游,经过个人生活的领域而进入人类的普遍生活领域。从我的朋友克希蒂摩罕(Kshitimohan)丰富的中世纪印度诗歌的宝库中，我得到了先知拉贾布（Rajjab）这些珍贵的词句，他说：

符合全部事实的就是真理，不符合全部事实的就是谬误；不管它使你发怒还是使你高兴，这就是智慧。

显然，拉贾布知道大多数人都会对他的话表示不满。他们的看法和习惯与普遍真理相悖，然而，他们自称是正确的，并且想用幻想的圈套逮住谎言。实际上，一种内在的不和谐的重要意识激起了他们的骚动，使之达到一种放肆的程度。试图通过愤怒的抗议来拒绝真理，恰似试图用一把刀子刺破光辉，刀子不能扼杀真理，它只能把人杀死。然而面对那种狂怒，人却说：

符合全部事实的就是真理，不符合全部事实的就是谬误。

从前当一个孤立的科学家宣布地球围绕着太阳旋转时，他通过自己的理智揭示了普遍人的思想，那时候数百万人都被他的话激怒了，他们凭借暴力的威胁想要他宣布：正是太阳围绕着地球旋转。但是，无论这些人有多么多，由于否定了真理，随即也谴责了自己永恒的人性。那时在愤怒的反对者中间只有老实人宣布："我是他"，就是说，我个人的认识和不朽的人的认识是统一的。

即使数百万人都说：在无边无际的遥远的空间由于某些恒星和行星特殊的结合，使这个地球的个别地区的河流产生了某种超自然的力量，因此在这条河水中沐浴，能够洗去沐浴者及他祖先的罪恶。那么我们必须起来说：

"这不符合人类的普遍思想，因此，它不是真理。"

但是，在那里还说过："身体只能由水洗净，心灵只能用真理净化。"这是符合普遍思想的标准的。同样还说过：

“如果一个人在犯罪以后，进行忏悔，那么罪恶就会通过忏悔被清除；如果这个罪人下决心永远不再重犯，那么他就能再度纯洁。”

通过这些说法，人在他自己的心灵中认识到人类普遍思想的真理，我们知道在我们灵魂中存在着最高神，而且他向我们揭示出我们自己的真理。

从前婆罗门罗摩难陀(Ramananda)，离开他的门徒，去支援钱德拉·纳帕(Chandal Nabha)、穆斯林织布工迦比尔(Kabir)和清扫工路易达斯(Ruidas)。当时的社会使罗摩难陀变为种姓之外的人，但是只有他真正地上升到最高的种姓，即普遍人的种姓。当时他处于自己教团的诅咒之中，罗摩难陀仅仅说过：“我是他”，就凭这个真理，他已经超越了以社会稳定的名义残酷地分隔人们，摧毁社会道德基础的无聊的社会习俗与轻蔑的界限。

从前耶稣基督说过：“我是他”——“我和我的圣父是一体的。”因此，在为了众人的爱和善的光辉中，他跨越了自我的界限，认识到自己与超人同在。

世尊佛陀曾劝诫说：“要以一种无差别、无憎恨、无敌意的精神以无限的慈悲对待众生，当立、坐、行、卧，直到睡眠时，你都要保持既定的慈悲精神——这就称为虔诚的行为。”

这些伟大的教诲只能赋予人，因为在人的内心深处隐藏着“我是他”的真理。佛陀深知这点，所以他曾经说：正是通过无限的爱，人才能揭示出内心的无限真理。

《阿闼婆吠陀》说：

“知道人比他自己表现出来的样子更伟大的人是聪明的。”

“了解了人的伟大的人，就了解了最高存在本身。”

这是因为他在人性中证悟了神圣的人，因此，佛陀能够说：

“在你内心修炼慈爱精神，这种爱就像慈母对孩子的爱。”

我们无须通过计算人数试图找出有多少人能够实际上遵循这些劝诫，这样的计算不会检验出真理。

认识到人的无限寓于自己内心的人，永远不会等待统计学上的保证，他毫不犹豫地要求：人可以通过无限的爱显示出内心的神性。通过将这种具有完美信念的教诲赋予人类，他奉献出真正的虔诚。

我已经提到《阿闼婆吠陀》的箴言，即人在精神上比他自己的外表更伟大，他生活在无限的充裕中，这种充裕就是人的全部最崇高的东西，他的纯真、他的真理。

围绕着地球的大气，远远越过了球体的范围，通过看不见的大气，出现了光和色，涌现出生命。在大气中聚集起云，下起了雨，通过它的威力将美的永恒的神秘性以不断多变的形式显现在地球上，从大气中产生出地球上最壮丽的东西，那就是地球的美妙可爱和地球本身的生命。通过大气的窗口，穿过黑暗的区域，每个夜晚都从星光灿烂的宇宙传来光辉亲切的神的启示，这大气能够被描述为充裕物、大地的灵魂，正如一个完美的人，可以被描述为四分之一是有形的（外在部分），其余的四分之三是无限的（内在部分），这是因为看不见的大气是这样紧密地扩展了地球自身，以至于丰富的生命财富显现在大气的尘埃中，这生命的财富是无法衡量的，它比尘埃本身更宝贵。

奥义书说：当我们认识了在完整的内在的无限和外在的有

限中的统一时，我们就在二重性的和谐中认识了真理。人内心的无限者必然表现在有限的人类生命和人类社会中，人应该将这种观念转变成行动。如《伊莎奥义书》所说："你必须活一百年，你必须活动。"通过工作你才能实现一百年的寿命，如此工作才能真正宣称：通过信念和成就表达了"我是他"的真理。我们获得这种真理不是通过眼睛朝天、屏息静坐和离群索居，而是通过行动。

这种工作，这种辛苦不是为了谋生，那么，它的持久的能源是在哪里呢？是什么力量促使人去牺牲自己的生命，去接受苦难，不顾肉体的安全公然去反抗暴力，并以如此惊人的顽强毅力，决不屈服于不公正的和残酷的不断的折磨呢？其原因在于：人不仅具有生命，而且具有无限。从克希蒂摩罕所搜集的珍贵文献中，我们得到了布尔斯(Bauls)的启示："当我观察人们时，我在他们身上发现了神的化身。"无以数计的人们以知识、爱和自我牺牲，以各种不同的方式和方法，展现出他们内在的无限，历史没有记下他们的名字，从他们各自的生命中，他们将他的不朽的力量完全倾注于人类的生命之流。

> "寓于我们灵魂的是具有无限光辉的不朽的原人(Purusha)，他包容一切。"

如果宇宙的能量通过植物不能转变为生命的原料，那么，这个生气勃勃的世界将变为一片荒芜。同样，如果在不同的国家里，人们(男人和妇女)不经过几个世纪，用我们的知识将他们内在的、无限的、超人的能量转变为爱和知识，把工作和福利事业不断地吸引到人类社会的生活规律中来，那么，他们的社会由于缺乏"我是他"

的真理，就会退化到动物世界，不仅如此，由于脱离了自己的真理，社会将完全不可能生存。医生告诉我们，将动物的血液注入人体，并不能增强生命力，只能导致死亡。动物群体按照动物的规律能够一直活下去，但人类社会不能完全像动物那样生活。也可能有人会说自相矛盾的是，许多像牲畜一样的人们在人类社会中似乎也活得很好。这正像皮肤上的疮疖也在肉体上生长，它们的生长确实比周围其他部分更有生命力，如果身体中健康的力量没有胜过疮疖，那么，疮疖就会危害肌体，消灭疮疖就会毁掉肉体本身。社会也一样，在正常情况下，能容忍许多罪恶，但是当堕落变得明显时，由于人的思想、行为、文学和艺术都吸收了动物的血液，人类社会就决定了自己灭亡的命运。

伟大，源于巨大的财富（无限），关于这一点《阿闼婆吠陀》曾说过：伟大并不在于任何特殊的成就，它包括人类的一切努力、全部勇敢、仁慈和人类的力量。也许，当苦行者将自己心灵中的种种力量成功地集中在他意识中的一个固定点时，他就有了一种深奥的忘我的欢乐，但是，“后来又怎么样呢？”只要在人类当中还存在任何苦难和凌辱，就没有一个人能永远得以逃脱，因此，那些希望人类获得自由的伟大的人们告诉我们：一代接一代，他们确实在不同的国家中诞生。今天，这个重要的时刻，他们生为人，明天，我们还会看到他们的诞生，生之溪流贯串历史，带来了“我是他”的启示，“我是他”这是人类统一的进化的赞歌，而不是某个特殊个人发展的赞歌。

在广阔的星云中，时时会有某个星球分裂为许多被赋予了生命的新的星球，这清楚地表明星球核心内所激起的剧烈燃烧的创造力。同样，在历史的太空，我们不时地会看到超人的显现，从他们那里我们懂得了人类内心要求发展的强烈愿望一直在起作用。在人类社会中，人通过打破自我的外壳，一直竭尽全力，希望在普遍的人之中认识自己。事实上，正是在这种过程中，整个宇宙都在追求自己的真理，追求不断发展、不断形成人性的最高真理。宇宙形成几十亿年之后才第一次出现了人。有些学者被淹没在数学的数字中，并以时空的巨大与沉沦在可耻的奢侈中的人的渺小相比较。然而认为数量比真理更伟大，这纯粹是一种错觉，真理完全不能用数字来衡量。那个我们称为物质或未展现的生命的东西，已经沉睡了无以数计的年代，但是，当某一天，一个生命的单细胞出现在这个世界上时，整个宇宙的发展获得了重要意义，在物质的外形中显露出内在的真理，因为生命是内在的、有机的，谁能因为生命的微粒经过漫长的时间之后最近才诞生，由于它同物质的巨大相比似乎是渺小的而蔑视它呢？当人从无声的物质核心来到伟大的生命之声中时，他第一次认识了无限生命的真理，“从生命诞生起所有的一切都是在动荡的生活中颠簸。”我们认为物质是一种实在，因为它对我们来说是外在的，但是我们认为生命是来自我们内心的真理，生命的表现是内在的，整个生命是纯粹的运动，因此运动的语言对于我们来说是直接的、现实的。它是我们生命的语言。这种无穷无尽运动的现实我们认为是真理，它关系到我们自己内在的自我。对于持续运动的强烈愿望．我们可以称为激情、热情或别的什么，所有这些也只不过是一些单词，如果我们说在这种运动中存在生命，那么，我们指的是在直接经验中具有意义的某些东西，同时，我们认识到这个正在运动的我的生命也包括在普遍生命的更伟大的运动中，这种生命运动的强烈欲望偶然地存在于宇宙中的有生命的生物中，这是我们的思想不能接受的陈述，因为我们的思想能够以它的全部经历为真理效忠。

奥义书说：

“如果生命的欢乐没有充满整个无限的空间，那么，单独一个渺小的人，对生命的渴望能有什么保证呢？”

如果整个空间经受不住灼热的真理，如何能够使火焰在火柴杆的尖端燃烧片刻呢？在生命中我们发现纯粹创造的一种内在意义，这种意义我们称为意志，物质保持沉默，它不能表示出意志的语言，生命出现了并表达了它的意志，沉默了很久的预言终于找到了它的声音。

学生在花了许多努力和时间之后首先学会字母，然后学会拼音，再后学会文法；他耗费了纸张和墨水，涂写出不完整和无意义的词句，他使用和抛弃了许多得到的材料；最后，当他像个诗人一样能够写出他的最初的见解时，就在那一瞬间，在那件作品中，他所积累的全部没有表达过的词句第一次闪现出它们有意义的光辉。在宇宙伟大的进化中，我们最初找到它的意义是在生命细胞中，然后在动物中，然后在人中。从外在的宇宙，我们逐渐进入内在的王国，接着一个又一个地打开了自由的大门，当在地球上人类出现的帷幕被揭开时，我们认识了与人相关的伟大和神秘的真理，那就是全人类联合的最高真理，只有人能够宣称：那些懂得真理的人才能深入到一切人的内心，只有人能够以这样的抱负打开我们的心扉——：

愿全人类幸福，永无仇敌，
愿人们坚不可摧，在快乐中生存，
愿一切活着的人摆脱苦难，
愿他们应得的权益不被剥夺。

我们只能祈祷，如果不幸已经降临，让它来吧，任其死亡，任其丧失，但是让人跨越一切时空宣称："我是他"。

译 后 记

《人生的亲证》是1912年罗宾德拉纳特·泰戈尔访问美国时的演讲集。原名《Sādhanā》，梵文含义是：将人生引向正确的道路。英译名为《The Realisation of Life》，根据英文名称我国学者在二十年代曾有多种译法，如钱家骧、王靖译为《人生之实现》，冯飞译为《生命之实现》，近年来黄心川同志译为《生命的亲证》。我改译为《人生的亲证》，原因是“人生”比“生命”更具有明确的社会性，而“亲证”比“实现”更能体现印度宗教哲学的特性，即强调人的直觉作用，亲身证悟人生的真谛。

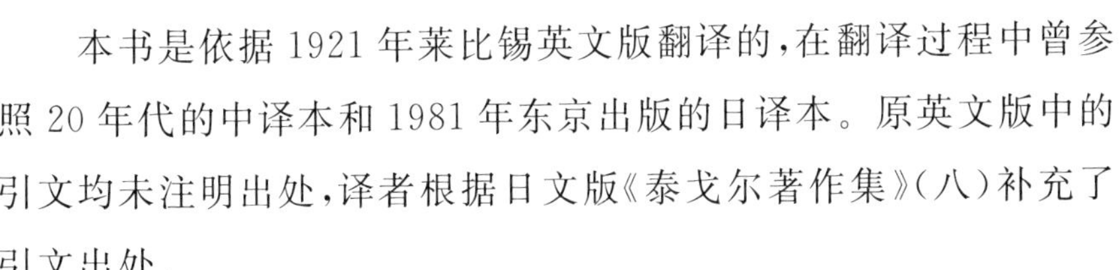

本书是依据1921年莱比锡英文版翻译的，在翻译过程中曾参照20年代的中译本和1981年东京出版的日译本。原英文版中的引文均未注明出处，译者根据日文版《泰戈尔著作集》（八）补充了引文出处。

附录《人》是1934年罗·泰戈尔在印度安得拉大学的演讲集。译者根据1965年安得拉大学出版的英文本翻译。

在本书翻译和出版过程中曾得到以下几位同志的支持和帮助：黄心川同志将几十年积累的有关研究泰戈尔的资料全部供我使用，并将印度朋友的赠书《人》提供给我作为翻译底本；章坚同志为全书做了英文校对和译文修饰工作；英文版《人生的亲证》第六章其中缺一页(第 207—208 页),是方广锠同志根据日文版补译的;本书第 96 页中的梵文诗是巫白慧教授翻译的;商务印书馆哲学编辑室的武维琴同志和江亦丽同志都为本书的出版付出了辛勤的劳动。在此,谨向以上几位同志表示衷心的谢意。

译　者

图书在版编目(CIP)数据

人生的亲证/(印)罗宾德拉纳特·泰戈尔著;宫静译.—北京:商务印书馆,2017
(汉译世界学术名著丛书:120年纪念版:珍藏本)
ISBN 978-7-100-14566-4

Ⅰ.①人… Ⅱ.①罗… ②宫… Ⅲ.①近代哲学—印度 Ⅳ.①B351.4

中国版本图书馆CIP数据核字(2017)第153302号

汉译世界学术名著丛书
(120年纪念版·珍藏本)
人 生 的 亲 证
〔印度〕罗宾德拉纳特·泰戈尔 著
宫静 译
章坚 校

商 务 印 书 馆 出 版
(北京王府井大街36号 邮政编码100710)
商 务 印 书 馆 发 行
北 京 冠 中 印 刷 厂 印 刷
ISBN 978-7-100-14566-4

2017年12月第1版 开本710×1000 1/16
2017年12月北京第1次印刷 印张9¼
定价:48.00元